SER DIFERENTE IMPACTA

Carolina Kairos

SER DIFERENTE IMPACTA

Plan de 30 días para despegar en redes

mr

Diseño de interior: María Pitironte

Ediciones Martínez Roca, sello editorial de Editorial Planeta, S. A.
Avda. Diagonal, 662-664, 08034 Barcelona
www.mrediciones.es
www.planetadelibros.com

Primera edición: abril de 2025

ISBN: 978-84-270-5349-6
Depósito legal: B. 4.918-2025
Preimpresión: Safekat, S. L.
Impresión: Gómez Aparicio

Te lo dedico a ti, K.

Que, cuando parecía que lo tenías todo, solo pensabas en huir.

Cuando reinabas el cielo, solo hablabas de selvas.

Cuando volabas alto, solo querías arder.

A fuego.

Has llegado.

LIBERTAD.

SOBERBIA.

ACTITUD.

ÍNDICE

INTRODUCCIÓN

¿Cuánto vale tu marca? 14

» Los diez poderes de las marcas personales triunfadoras, 17
» ¿Qué son realmente las redes sociales? ¿Debo estar en ellas?, 20
» Fortalece y no fuerces, 22

PARTE 1

El mapa hacia el éxito 24

» Tu marca personal es tu mejor proyecto, 26
» Pon tus talentos a trabajar para ti, 28
» Pasa de ser uno más: el valor diferencial, 30
» Si me creo, lo seré, 33
» Define tu misión, 35

PARTE 2

Sé un experto en tu mercado 36

» Conoce tu entorno para ganar el juego, 38
» Las redes sociales son el tablero y la atención de tu cliente es el premio, 39
» Sin contexto, no hay éxito, 40
» Tu audiencia es tu reflejo, ¡conócela!, 43
» Dime contra quién compites y te diré quién eres, 47
» ¿Espectador o actor principal?, 51

PARTE 3

Potencia tu identidad 54

» Impacta y sé único, 56
» Las tres identidades de marca, 57
» Tu marca personal no (solo) va de ti, 59
» Personalidad que enamora, 64
» Identidad visual: entra por los ojos, 67
» Identidad verbal: no es lo que dices, es cómo lo dices, 73

PARTE 4

Conecta con tu audiencia y emociona 76

» El mensaje perfecto, 78
» Storytelling, 82
» Provoca, impacta, vende, 87
» Construye tu tribu, 90

PLAN DE ACCIÓN

de 30 días para despegar en redes sociales 92

PARA TI, DE MÍ: TU MEJOR CLIENTE ERES TÚ

> «HAY MÁS ESTUDIANTES DE DERECHO EN MADRID QUE EN TODO REINO UNIDO».

Fue esta frase, que escuché de un político cuando yo estaba en la universidad, la que me hizo darme cuenta de que el juego había cambiado para siempre.

Hoy en día, ya no vale con ser una persona talentosa, hablar inglés y tener un título —¡incluso con una media de diez!—, porque nada de eso te hace destacar. Los logros que hace unas décadas eran el culmen de la aspiración se han vuelto algo común, ordinario, casi básico. Así que puedes seguir echando tu currículum pensando que te hará tener mejores oportunidades... o puedes seguir leyéndome.

El mercado se ha vuelto radical, las exigencias han cambiado y cada vez hay más gente presentando proyectos, ideas o peleando por conseguir su lugar. La infoxicación, la saturación y la falta de atención están a la orden del día. La competencia es cruda y cada vez mayor, porque ya no compites solo con tu vecino, ahora todo el mundo es el terreno de juego.

Sin embargo, y aunque no lo pueda parecer, este es el mejor momento para hacer tu jugada maestra, porque tienes a tu disposición una ventana al mundo y la posibilidad de llegar a miles de personas para expresarte, conectar e impactar. Hablo, por supuesto, de las redes sociales.

Las redes sociales, acusadas de ser las causantes de muchos males, también pueden usarse de forma estratégica y convertirse en tus mayores aliadas para conseguir todo lo que quieras.

Pero para triunfar en un mundo saturado lo más importante es destacar. Hay dos tipos de personas: **los seguidores y los creadores.** Por eso en esta guía de 30 días te invito a romper tus límites, creencias y peros.

Estás a punto de lanzarte a un nuevo proyecto, por lo que no puedes hacerlo con la misma energía y mentalidad con la que has hecho las cosas hasta ahora. Busca expandirte, busca retarte y busca disfrutar de descubrirte. Más jugar y menos juzgar. Con la única persona que debes compararte es con tu «tú de ayer».

Te acompañaré durante 30 días con mis mejores armas, estrategias, herramientas y acciones para maximizar tu éxito. Pero recuerda: sin acción no hay resultados. No es lo que dices o lo que deseas; es lo que haces.

Y de eso va este libro. De ponerlas a jugar a tu favor. A favor de tu marca. Porque te voy a decir una cosa: gente buena hay mucha; gente con una buena marca personal, muy poca.

¿EMPEZAMOS?

¿CÓMO USAR ESTE LIBRO?

Haz lo que quieras

El libro está dividido en dos partes:

EN LA PRIMERA vamos a profundizar en los conceptos y estrategias clave para lanzar tu marca personal en redes. Lo que busco es que en esta primera etapa aceleres tu éxito y tengas claro qué quieres lograr.

LA SEGUNDA parte es una guía práctica con un plan de 30 días para despegar en redes sociales . Quiero que cada día sigas el manual y lo pongas en práctica. Esto es como ir al *gym*: hay que hacer músculo si quieres ver resultados. Hay que entrenar todos los días.

Quiero que disfrutes del proceso.
Pinta tu libro, garabatea tus ideas, escribe en él sin miedo. Provoca, juega, innova.

PARA ESO ESTÁ.

Repite

Vuelve a este libro cada vez que necesites relanzar tu marca, poner en marcha un proyecto, replantear tu marca personal o lo que quieras.

ESCANEA
ESTE CÓDIGO CON TU TELÉFONO
Y ACCEDE A LOS MATERIALES
EXTRA DESCARGABLES.

INTRODUCCIÓN

¿CUÁNTO VALE TU MARCA?

EL QUE MÁS TRABAJA NO ES EL QUE MÁS GANA

¿Es posible que un actor actúe un millón de veces mejor que otro? En serio, un millón de veces mejor… Permíteme que lo dude.

Sin embargo, ¿es posible que gane un millón de veces más? Sí, sin ninguna duda. Y diez, y cien, y mil veces más. ¿Por qué te crees que hay actores que hacen cien millones por película mientras otros a lo mejor ni cobran? ¿Por cómo actúan? A ver, puede influir, pero, evidentemente, no es solo por eso. Se trata de algo mucho más sutil, más intangible, más complejo. Puedes llamarlo caché, carisma, valor… **Yo lo llamo marca personal.**

Esto va de crear valor, no de ofrecer labor. Ser excepcional en todo lo que haces, eres y pareces. Va de ser una marca deseada con la que la gente quiera estar.

Porque desde este mismo instante tienes que tener algo muy claro:

**TENER UNA MARCA PERSONAL FUERTE
Y QUE PROYECTE TU VALOR AL MUNDO
ES TU MEJOR INVERSIÓN.**

Tú eres tu mejor cliente, quien te hará conseguir las mejores oportunidades, el que te dará los mayores ingresos y el único que te puede conseguir la libertad de hacer todo lo que quieras.

Párate un instante a pensarlo: ¿cuánto tiempo y esfuerzo dedicas al día trabajando para otras personas? ¿Y cuánto a ti mismo? Pues eso, **o trabajas tu marca personal o trabajarás para la de otro.**

Por eso quiero que tu primer compromiso sea contigo mismo, para dedicar el tiempo necesario cada día a tu plan. Hazlo desde la experimentación, el disfrute y el juego. Espera resultados increíbles y no negocies con tu éxito, pero recuerda: si no accionas, no hay magia.

Deja de ofrecer labor y empieza a crear tu propio valor.

Boli, fuego y empezamos.

Los diez poderes de las marcas personales triunfadoras

¿Por qué es necesario tener una marca personal que comunique todo mi valor en redes sociales?

1. Fortaleza: ¡Sé el jefe de tu vida!

Deja de seguir las reglas de un juego que no has creado. Sé tu quien decida tu camino. Al tener una marca fuerte, tú eliges en qué proyectos trabajar, cómo y cuándo. Sé dueño de tu tiempo, de tus rutinas y de tu energía.

Cuando consigues que tu marca tenga valor por sí misma, no dependes de validaciones o exigencias externas. Recuerda, tú eres tu mejor cliente. Tu mejor jefe. Eres el dueño de tu destino y el autor de tu éxito. Eres el protagonista de tu propia historia.

2. Diferenciación: ¡No seas uno más!

El mercado está saturado de clones. Hoy, si no destacas, no existes; eres paisaje. Tener activa tu marca personal hará que comuniques de forma clara por qué eres especial, único e inimitable.

3. Visibilidad: ¡Crea una imagen icónica!

La coherencia siempre es la mejor estrategia. Haz que te reconozcan sin decir ni una sola palabra. Crear una estrategia completa de marca personal hará que tu imagen sea clara y reconocible. Sabrán que eres tú y te reconocerán en cuanto llegues.

4. Credibilidad: ¡Sin confianza no hay negocios!

Una marca fuerte asegurará la confianza en tus propuestas. Tú puedes ser tu mejor embajador. Vive lo que vendes y deja de contarme tu *expertise* en un papel, ¡demuéstramelo con tu marca! Sé la prueba viviente de que lo que ofreces es real, impactante y aplicable.

5. Influencia: ¡Tu voz es poder!

Deja de susurrar y di bien alto y claro lo que defiendes. Una marca personal poderosa es respetada, influye en miles de personas y genera un impacto en el mundo.

6. Oportunidades: ¡Vuela alto!

Realiza colaboraciones con otras marcas atractivas e involúcrate en proyectos interesantes. Una marca valiosa es un imán de posibilidades infinitas. Otras querrán rodearte, conocerte y compartir el camino.

7. Autenticidad: ¡Sin filtros!

Tu marca personal expresa todo lo que eres. Una marca real, transparente y genuina es irresistible. La autenticidad te permitirá conectar con las personas y hacer que se creen relaciones verdaderas. Comunica siempre desde lo que eres y haz que te identifiquen con lo que deseas.

8. Creatividad: ¡Disfruta y diviértete creando tu estrategia!

Elevar tu marca personal y comunicarla al mundo debe ser algo agradable, algo que disfrutes. Piensa que es inevitable transmitir las emociones que te genera tu proyecto, por ello es importante enfocarlo como una forma de autoexpresión que te produzca bienestar y disfrute.

Es el momento de dejar salir toda tu creatividad, planificar tu estrategia de contenido, diseñar tus acciones... ¡Será un orgullo ver cómo, paso a paso, construyes tu nueva realidad!

9. Valor: ¡Sé exponencial!

Tu marca personal no es solo tu nombre o logo, es tu mayor activo. Un universo de significados de los que podrás crear negocios, proyectos y productos. Una marca fuerte hace oro todo lo que toca. Haz que tu marca sea sinónimo de poder, excelencia y calidad.

10. Impacto: ¡Deja un gran legado!

Tu trabajo, tus acciones y la marca que crees y trasmitas dejarán huella en el mundo. Tienes el poder de inspirar, motivar y transformar la vida de los demás a través de tu ejemplo. Sé una marca que merezca la pena seguir, que impacte de forma positiva en todas sus audiencias.

¿Qué son realmente las redes sociales? ¿Debo estar en ellas?

Aunque tengo clarísima la respuesta, primero te voy a poner un ejemplo.

Imagínate que vendes cruasanes, que haces los mejores cruasanes del mundo: crujientes pero mullidos y con el punto justo de mantequilla. En definitiva, una exquisitez. Una obra de arte hecha bollo.

TIENES TODO LISTO: el producto, el horno, las manos en la masa y tu primera hornada saliendo a un precio, más apetitoso que el propio cruasán. Sin embargo, horas después, cero ventas. Días después, cero ventas. ¿Cómo es posible? Si tienes el mejor producto y al mejor precio...

LA RESPUESTA ES SENCILLA: te falta el ingrediente principal. ¿Qué es lo primero que necesitas para que alguien te los compre? Que sepan que existes. Si nadie conoce tus talentos y no llegas a tu audiencia, dará totalmente igual que tengas el mejor producto del mundo, porque será como si estuvieras gritando en el desierto.

AHORA IMAGÍNATE los mismos cruasanes, pero en un escaparate glorioso y goloso en los Campos Elíseos de París o en la Quinta Avenida de Nueva York o en plena Puerta del Sol de Madrid... ¡La tienda estará repleta de gente! Ventas, ventas y más ventas.

POR ESO, la exposición es igual de importante que el producto. Y puede que pienses que Nueva York te pilla muy lejos, pero aquí está la buena noticia: **tiene el mejor escaparate del mundo en la palma de la mano.**

Las redes sociales son el escaparate de tu marca. Tienes la mejor tienda en todas las calles del planeta desde Medellín hasta Hong Kong. ¡Y lo mejor de todo es que es completamente gratis!

¿Es eso jugar en modo fácil? No, simplemente la película cambia mucho si ves las redes sociales como tu expositor, como tu mejor vitrina, como tu ventana al mundo. No hay límites. Puedes llegar a donde quieras, puedes vender donde quieras, puedes llegar a ser, tener y vivir lo que quieras.

Repite conmigo:

LAS REDES SOCIALES SON MIS MEJORES ALIADAS.

Recuerda, te acaban de regalar un alquiler en el mejor escaparate del mundo. ¡Aprovéchalo!

Y dicho esto, a mí me ha entrado hambre, vamos a por un buen cruasán.

Fortalece y no fuerces

Tu tiempo es limitado y tu energía también. A mí me gusta ponerme las cosas fáciles y nadar a favor de la corriente, *zorry*, pero ser hedonista y querer disfrutar de la vida te hace ser *muuucho* más eficiente. Estos son mis dos consejos para que elijas en qué redes quieres activar tu marca personal:

1. ¿Qué te nace de forma natural?

Piensa en lo que te sale más natural. ¿Te gusta escribir? ¿Te gusta comunicar de forma oral? ¿Te gusta expresarte de forma visual?

EN MI CASO, me es mucho más fácil escribir que grabar un vídeo de YouTube, por eso activo mucho más fácilmente mi marca en las redes sociales que favorecen este tipo de comunicación, como, por ejemplo, **un blog, una newsletter, LinkedIn o el antiguo Twitter, ahora X.**

Fortalece lo que ya eres y no fuerces lo que otros te digan que es mejor para ellos, de esta manera te saldrá más natural y disfrutarás también más del proceso.

2. Invierte bien tu tiempo. ¿Cuánto les quieres dedicar?

Piensa cuánto tiempo real tienes al día para dedicarlo a activar tu marca personal en redes. Evidentemente, habrá días que dediques más que otros, pero mi recomendación es que empieces por redes sociales donde puedas replicar de forma fácil el contenido.

POR EJEMPLO, redes como **Instagram, YouTube Shorts y TikTok** usan un formato de vídeos verticales que puedes replicar de una red a otra. Y las fotos que subas a Instagram las puedes usar también para

LinkedIn. En serio, póntelo fácil y aprovecha el contenido que crees en diferentes redes. Piensa dónde se encuentran las personas a las que quieres impactar para elegir la mejor red social para ti.

Muchas marcas dejan sus estrategias porque se complican demasiado la vida y acaban por verse sobrepasadas. A partir de ahora quiero que te hagas siempre esta pregunta:

¿CÓMO PUEDO PONÉRMELO MÁS FÁCIL Y TENER UN BUEN RESULTADO?

Es mejor un trabajo sencillo y hecho que uno perfecto sin terminar. No hace falta que tu vídeo esté editado por un equipo de mil personas para que tu mensaje cale. No hay excusas. El mercado quiere tu valor, ¿por qué no compartirlo?

Es preferible construir una comunidad sólida en una sola plataforma que tener presencia en todas, pero cero resultados porque estás publicando de forma dispersa y sin sentido. ¿Que lo ideal sería poder estar en todas? Evidentemente. Pero ¿es realista hoy en día? Pues eso, paso a paso. Empieza por escribir qué redes prefieres:

1. ________________________
2. ________________________
3. ________________________
4. ________________________
5. ________________________

Recuerda que es mejor empezar por una red social y ser constante que picar de todas sin crecimiento. Paso a paso. Trata de fortalecer tu marca desde lo que te resulta fácil, y no fuerces.

1

EL MAPA HACIA EL ÉXITO

¿Qué encontrarás en este capítulo?

→ Cómo fijar objetivos medibles y a corto plazo.

→ Cómo descubrir la verdadera motivación de tu marca.

→ Cómo establecer tu valor diferencial.

→ Cuáles son tus atributos de diferenciación.

→ Cómo dar al mundo tus dones y talentos.

Tu marca personal es tu mejor proyecto

Tu marca personal representa cómo te muestras al mundo, tu identidad —lo que eres— a través de lo que pareces: tu imagen.

Lo que buscas al crear tu marca personal es influir en la respuesta emocional que tendrán tus audiencias sobre ti. Traducción: que piensen en ti y te posicionen donde tú desees. Mediante diferentes estrategias, lograrás que tu público te perciba como tú quieras, destacando tus fortalezas y valores.

Imagina dos profesores de inglés a domicilio. Los dos tienen el mismo nivel y pueden hacer un trabajo excelente. Los dos te garantizan resultados. Mismo precio por hora, mismos diplomas. Son «iguales». ¿Qué hará que te decantes por uno u otro? Pues su marca personal.

Tu marca personal son esos elementos tangibles e intangibles más allá de la comodidad de tu profesión o tu nicho. Lo que te hace ser valioso para quien quieras. Veamos este ejemplo más en detalle:

→ **EL PRIMER PROFESOR** se posiciona como aventurero: te cuenta que ha dado clases en miles de países alrededor del mundo y que tiene una comunidad de cientos de alumnos internacionales de diferentes culturas. Quiere atraer a estudiantes intrépidos que usan el inglés como medio para relacionarse en su vida, para conocer nuevas culturas y viajar. Lo presenta como una forma de ganar libertad.

- **EL SEGUNDO PROFESOR** se posiciona como corporativo: te cuenta que entre sus clientes hay equipos de empresas muy reputadas de tu ciudad y que tiene una comunidad de cientos de empleados ya formados con él. Quiere atraer a estudiantes que buscan mejorar sus oportunidades laborales, comunicar mejor en sus exposiciones y dominar conceptos formales. Lo presenta como una forma de ganar seguridad.

Aquí ya vemos que su posicionamiento, oferta y especialización no son iguales. Puede que su qué —su producto tangible— sí lo sea, pues ambos buscan clientes que quieran aprender inglés, pero el porqué lo cambia todo.

Ya no son uno más. Su marca personal los posiciona y hace que atraigan de forma más efectiva al tipo de perfil que desean. Lo mismo ocurre contigo: si solo eres «profesor de inglés», eres uno más.

Tu marca personal es tu mayor proyecto, por eso debe tener un objetivo estratégico que te dé beneficios en tu vida personal.

TU MARCA PERSONAL DEBE FAVORECERTE SIEMPRE Y ESTAR A TU SERVICIO, NO AL REVÉS.

Pon tus talentos a trabajar para ti

Tienes el derecho y el deber de maximizar tus dones y talentos. Vamos a mapear lo que se te da bien de manera innata, lo que te resulta fácil y fluye de ti de manera natural.

Cada uno tiene sus fortalezas y, para avanzar rápido, debemos enfocarnos en hacerlas crecer. Al fortalecer estas áreas, las demás también crecerán. Es como entrenar un músculo: todo el cuerpo mejora, no solo una parte en particular.

Tienes que construir tu marca personal desde la confianza, el disfrute y el crecimiento de lo que ya brota de ti de forma natural. En serio, no te quedes en: «no sé...», «no tengo...», «no soy...», y busca tus puntos fuertes.

¡FUERA ESAS DUDAS!

- **En el plano personal,** quiero que te olvides de cómo hacer que tu talento sea «útil» y encuentres tu don desde donde te nace. No te centres solo en cosas *marketinizables* o a las que puedas sacar rendimiento económico. Todo es un talento: desde cocinar bien hasta saber escuchar, cantar, inventarte buenas historias para tus hijos...

- **En el plano profesional,** quiero que pienses en cómo lo que has respondido en el punto anterior puede beneficiar a otras personas. Reflexiona sobre lo que necesita hoy el mundo y cómo tú puedes ser la mejor respuesta.

HERRAMIENTA: LOS TALENTOS

Ahora, piensa en cómo tus talentos y dones pueden impactar y elevar la vida de otras personas. Has venido a impactar, a inspirar y a aportar tu valor al mundo.

Para ello empieza a plantearte lo que yo llamo «las diez preguntas del éxito», que relacionan lo que se te da bien en el plano personal para aprovecharlo en profesional:

	EN EL PLANO PERSONAL		EN EL PLANO PROFESIONAL
1.	¿Qué te resulta fácil, qué te sale sin esfuerzo?	→	¿Cómo esto puede aportar valor a la vida de otros?
2.	¿En qué eres excelente?	→	¿Cómo otros se podrían beneficiar de esto?
3.	¿Qué dones tienes?	→	¿Con qué dones puedes cumplir los deseos de otras personas?
4.	¿Qué talentos posees?	→	¿Cómo pueden tus talentos mejorar la vida de otros?
5.	¿Qué te gusta?	→	¿Cómo podrías vivir de lo que te gusta?

Pasa de ser uno más: el valor diferencial

Se trata de pasar de diferente a diferencial. Mucha gente piensa que para tener una marca personal potente y valiosa lo que tiene que lograr es ser diferente a nivel de imagen. Y sí, ser identificable y tener una imagen única y genuina es vital para ser competitivo y destacar, pero no te garantiza trascender, tener éxito y enamorar a tu audiencia.

Si solo eres una marca que se expresa a través de sus singularidades, estás haciendo una *performance* desde tu autoexpresión. Que, ¡ojo!, está de lujo. Pero para que las personas hagan negocios contigo, les tienes que aportar valor a ellos, no solo a ti.

Somos egoístas, queremos que los talentos, dones y experiencias de los demás nos repercutan de algún modo. Lo que busco al crear tu marca personal no es que seas diferente de tu competencia, es que seas diferencial para tu público. Valioso, importante, irremplazable.

SÉ LA MEJOR Y MÁS VALIOSA OPCIÓN.

Vamos a construir una pirámide, la pirámide de valor que toda marca personal poderosa tiene que activar. Se compone de tres niveles, que de abajo arriba son:

HERRAMIENTA: LA PIRÁMIDE DIFERENCIAL

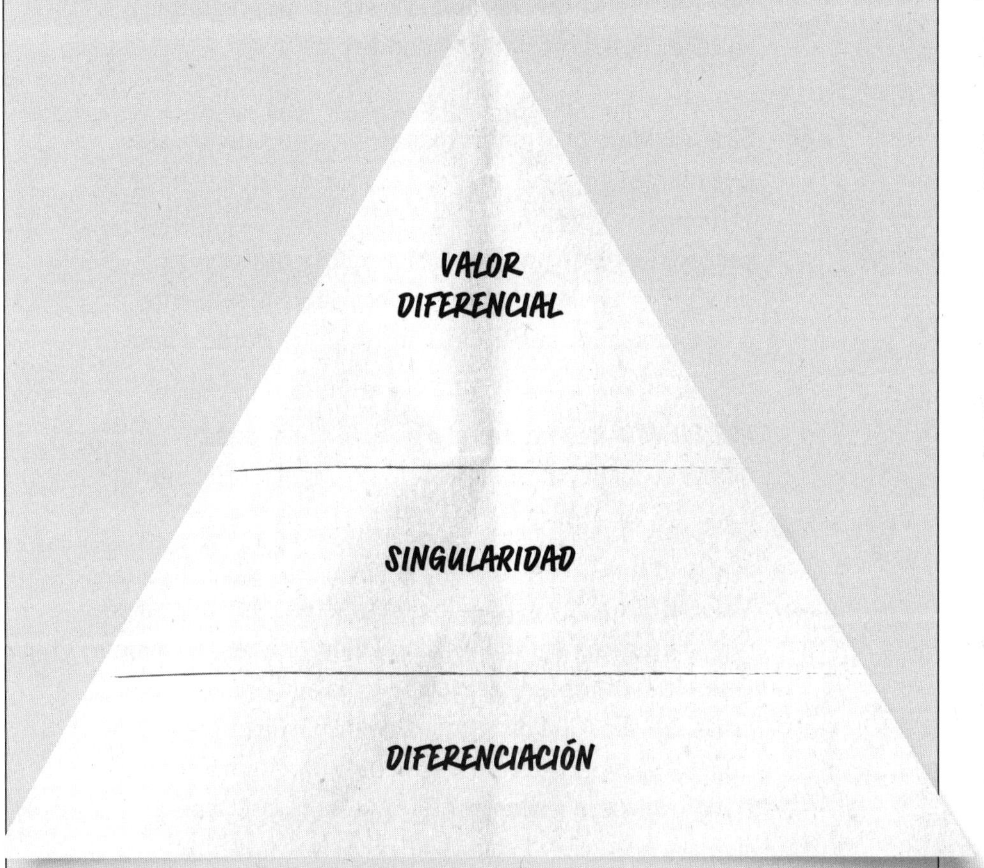

- **Diferenciación:** lo primero que tienes que hacer es identificar y tener claros los atributos que te hacen diferente del resto de los competidores. Eso que te hace reconocible y especial. Hazte la siguiente pregunta: ¿qué atributos me hacen reconocible?

- **Singularidad:** un escalón más arriba se encuentra el ser una marca singular. Detecta y escribe eso que te hace ser el uno por ciento dentro de tu mercado. Qué atributo valioso tienes que no tiene casi nadie y que aporta un valor tangible a tus audiencias. Hazte la siguiente pregunta: ¿qué valor aporto que la gente desee y nadie más tenga?

  POR EJEMPLO, si yo tengo el pelo azul me hace ser diferente, poco común, pero no es singular ni le aporta nada valioso a mi audiencia.

- **Valor diferencial:** esto es lo que tenemos que buscar con nuestra marca personal. El valor diferencial es tu impacto. Cómo transformas la realidad de tus audiencias. Cómo creas un valor que dura para siempre y mejora la vida de quien lo recibe. Hazte las siguientes preguntas: ¿cómo transformo a mis clientes? ¿Cómo les impacto para siempre?

SER DIFERENTE EXPRESA TU MUNDO, SER DIFERENCIAL TRANSFORMA EL MUNDO.

Si me creo, lo seré

Una vez que tienes claros tus dones, tus talentos y tu valor diferencial, es hora de dar el siguiente paso: ponernos objetivos.

¿POR QUÉ ES IMPORTANTE?

Tienes que tener claros tus objetivos para saber si vas por buen camino. Define metas que te motiven y te hagan salir de tu zona de confort, pero también que sientas posibles.

A continuación, te presento las tres pautas para fijar tus objetivos de marca personal:

Ambiciosos, pero realistas

Tus objetivos deben emocionarte y sacarte de tu estado actual. Tienen que ser ambiciosos pero también alcanzables.

POR EJEMPLO:

> «Deseo tener una comunidad de dos millones de seguidores en redes sociales en tres meses» o «Deseo contar con una comunidad en redes sociales con más de doscientos posibles clientes en tres meses».

Nos enfocaremos en la calidad, no en la cantidad.

Medibles en el tiempo

Es importante establecer fechas límite para cada objetivo. Estas fechas deben estar dentro de un año como máximo.

Exponenciales

Una vez que los escribas, ordénalos en función de cuál te acercará más fácilmente al siguiente.

POR EJEMPLO:

> «Quiero escribir un libro sobre nutrición consciente» podría ser un paso previo a «ser la nutricionista de Kim Kardashian», ya que el libro podría abrirte puertas hacia esa meta.

Escribe ahora los cinco objetivos que quieres alcanzar en los próximos doce meses con tu marca personal. Tienes que salir de tu zona de confort, pero sin llevarte a sentir un estrés o una ansiedad extremos. Es decir, busca el punto medio entre ser soñador y realista.

Añade, además, una fecha exacta para que estén cumplidos.

1. ______________________________
2. ______________________________
3. ______________________________
4. ______________________________
5. ______________________________

Define tu misión

Este primer capítulo está dirigido a descubrir quién eres, qué es lo que quieres, cuáles son tus talentos y cómo te puedes apoyar en ellos para alcanzar todo lo demás. Este es el primer paso para crear una buena marca personal.

Sin embargo, antes de seguir trabajando en la creación de nuestra marca personal, es el momento de decirte bien alto cuál es tu misión.

Escribe con firmeza, alegría y ganas por qué haces lo que haces:

HERRAMIENTA: MI MISIÓN COMO MARCA PERSONAL ES...

Hacer que todas las personas...

Gracias a...

Sintiéndome...

Para...

2

SÉ UN EXPERTO EN TU MERCADO

¿Qué encontrarás en este capítulo?

→ Qué quiere tu cliente.

→ Qué es un avatar y por qué es tan importante crearlo.

→ Aprenderás a comunicarte de tú a tú.

→ Analizarás la competencia.

→ Te inspirarás con tus referentes.

→ Tendrás claro por qué eres importante y cómo liderar.

Conoce tu entorno para ganar el juego

Estás sentado a una mesa, jugando a un gran juego: tu marca personal. Pero no estás solo en esta partida, hay más jugadores, y cada uno de ellos tiene su propio estilo y forma de jugar. Sin embargo, todos buscan lo mismo:

GANAR

Es importante saber cuáles son tus cartas y a qué juego vas a jugar si quieres triunfar. No tendría sentido hacer los mismos movimientos si juegas a la oca que al mus. Conocer las reglas del juego y tus propios recursos es esencial para tener éxito.

El entorno influye mucho en cómo se desarrollará la partida. Lo que pasa en el mundo afecta a tu marca. No puedes ignorarlo o jugarás con desventaja. La economía, las tendencias culturales, la tecnología y las normas sociales cambian constantemente, y tu marca debe adaptarse a esos cambios para mantenerse relevante. Mantente informado sobre lo que sucede a tu alrededor y ajusta tu estrategia en consecuencia.

Jamás podrás ganar a las cartas si no analizas también qué han hecho el resto de los jugadores, con tu marca personal sucede lo mismo. ¿Qué hacen bien? ¿Con qué cartas juegan? ¿Dónde fallan? Estudiar a tu competencia te permite aprender de sus éxitos y errores. Identificar sus fortalezas te puede inspirar, mientras que conocer sus debilidades te ofrece oportunidades para destacar.

Las redes sociales son el tablero y la atención de tu cliente es el premio

Conocer a tu cliente ideal es fundamental. ¿Qué le interesa? ¿Cuáles son sus necesidades y deseos? ¿Qué problemas puedes resolverle? Cada movimiento que hagas debe estar enfocado en captar y mantener la atención de tu cliente ideal. Adapta tu mensaje, tu estilo y tus acciones para resonar con ellos. No se trata solo de jugar bien tus cartas, sino de hacerlo de una manera que sea significativa para tu audiencia.

Usa bien tus manos, analiza los movimientos del resto de los jugadores y ve a por todas. Tener una estrategia clara y coherente es esencial. No temas apostar fuerte por tus ideas y talentos, siempre y cuando hayas hecho tu estrategia: conocer el entorno, entender a tu competencia y tener claro quién es tu cliente ideal.

EN ESTA PARTIDA, LA VICTORIA NO SIEMPRE SE LA LLEVA QUIEN TIENE LA MANO MÁS FUERTE, SINO QUIEN SABE JUGAR MEJOR SUS CARTAS.

Tu marca personal es tu carta de presentación al mundo. Si sabes cuándo y cómo jugarla, puedes transformar la partida a tu favor. Así que siéntate, analiza la mesa, observa a los jugadores y juega tu mejor partida. La victoria está en tus manos. Vamos a fuego.

Sin contexto no hay éxito

El mercado manda y el momento determina tu éxito. El contexto lo es todo. Imagina que vas a vender hielo en el Ártico. No digo que sea imposible, pero quizá no sea el mejor lugar para ofrecerlo, ¿no crees?

Muchas marcas tienen propuestas increíbles, con mucho que decir y un gran poder de impacto. Sin embargo, a menudo les falta algo crucial: no han mirado por la ventana para ver qué está pasando en su mundo. No consideran el contexto. Viven con las persianas bajadas.

¿POR QUÉ ES IMPORTANTE?

No es lo mismo correr una maratón un día de lluvia que un día soleado. ¿Te prepararías igual para ambos? Necesitas unas buenas botas de agua si llueve o gafas de sol si brilla el sol.

Vamos a hacer lo mismo: analizar qué clima hace en tu mundo para entender cómo prepararnos de la mejor manera posible para triunfar con nuestra marca.

Piensa en el tema que quieres capitalizar y en el sector en el que quieres influir. ¿Qué está pasando hoy? Saber el contexto en el que vivimos es vital para ser relevantes.

Quiero que dediques tiempo a analizar bien tu mercado para poder responder con la mayor precisión posible a las siguientes cuestiones teniendo en cuenta tu sector.

→ **¿Quiénes son los líderes de opinión hoy?** Busca quién es la persona popular con mayor credibilidad en el mercado que quieres abarcar.

→ **¿Cómo de saturado está tu tema en las redes?** Analiza en detalle cuánta presencia hay en redes de marcas de tu ámbito o similares.

→ **¿Qué tipo de contenido sobre tu tema se está lanzando?** Estudia qué contenido se está creando, qué tiene más relevancia y también qué echas en falta.

→ **¿Cómo están llegando las audiencias a ese contenido?** Se trata de descubrir qué es lo que hace que la gente se interese por ese tema, que la gente hable de él, cómo lo descubren y de dónde vienen.

- **¿Qué mensajes están calando más?** Siempre hay una serie de mensajes o eslóganes que se repiten porque consiguen mayor impacto, busca cuáles son los que predominan en tu campo.

- **¿Qué se está viralizando más sobre tu tema?** Cuando conoces un campo en profundidad, sabes que puede tener mil ramificaciones, busca qué concepto o rama está más viralizada en este momento o qué está logrando captar más la atención.

- **¿Cuáles son los formatos más vistos sobre tu tema?** No todos los temas se expresan de la misma forma ni llegan a la audiencia con los mismos formatos. Tienes que ver cuál es el formato que más convence a la audiencia que deseas tener.

- **¿Qué contenido funciona mejor hoy?** Busca el contenido que mejores resultados tenga sobre tu tema.

Tu audiencia es tu reflejo, ¡conócela!

¿A quién quieres impactar? Es fundamental comprender que no puedes interesar a todo el mundo. Aunque tu mensaje y lo que tu marca comunica sea valioso, las personas tienen diferentes intereses.

> PARA ENAMORAR, CONECTAR Y CREAR UNA VERDADERA TRIBU TIENES QUE TENER MUY CLARO A QUIÉN LE ESTÁS HABLANDO.

Por eso vamos a ver dos conceptos que usan los expertos en marketing para crear una buena estrategia de redes sociales: el público objetivo y el avatar.

→ **Tu público objetivo** está compuesto por las personas con hábitos, intereses y necesidades similares, que podrían convertirse en tus audiencias y clientes. Cuantas más personas estén interesadas en un tema, más oportunidades tendrás. Sin embargo, dentro de un público objetivo pueden existir múltiples perfiles.

→ **Un avatar** es una representación semificticia de tu cliente ideal, basada en información de su vida, sus gustos, sus deseos, sus miedos...

Es importante definir con la mayor precisión posible quién es la persona que más se puede beneficiar de lo que ofreces. Por ejemplo, si estás creando una marca personal experta en repostería orgánica sin gluten, necesitas visualizar a ese cliente ideal para poder dirigirte a él de forma más personalizada, más valiosa y más efectiva.

¿POR QUÉ ES IMPORTANTE?

→ Tu marca debe hablarle de manera directa a la persona, no solo crear mensajes genéricos para un grupo común.

→ Definir tu avatar te permitirá comunicar, crear productos y vender de manera que resuene específicamente con las necesidades y deseos de tus clientes ideales. Esto va más allá de dirigirse a una masa indefinida de gente; se trata de conectar con individuos reales. Por eso, tienes que conocerlos bien.

HERRAMIENTA: AVATAR CORE Y EXPANSIVO

Cada vez que lanzo un nuevo proyecto creo dos avatares a los que dirigirme:

1. Avatar *core*

Aquí hablo directamente a la persona que más valor, beneficio y éxito puede alcanzar con mi producto. El traje a medida.

POR EJEMPLO, al lanzar mi primer libro de *branding, The Branding Method*, mi *avatar core* eran personas que ya tenían una agencia de *branding* y querían aprender más herramientas.

→ *Mi avatar* core *eran expertos en* branding.

2. Avatar expansivo

El avatar expansivo hace que hablemos a un público un poco más amplio, pero que esté interesado en nuestro producto y que este le beneficie.

En el caso de mi libro eran personas que quisieran lanzar su marca. Mi libro y sus herramientas también los ayudaron mucho a ellos. Este grupo no tiene una agencia de *branding*, pero son dueños de negocios que evidentemente necesitan *branding*.

→ *Mi avatar expansivo eran dueños de negocios.*

SI TE DAS CUENTA, el avatar *core* está dentro del avatar expansivo. Es una capa más profunda.

Cada vez que lanzo un mensaje, pienso en mi avatar *core*, una persona concreta, por ejmplo: Lola, una mujer de 35 años, es creativa, soñadora y valiente, lidera un estudio de *branding*, desea vivir de su creatividad y con libertad, teme no conseguir estabilidad con sus clientes, en su día a día es una persona creativa, le gusta el arte, el diseño gráfico, crear... En redes sociales sigue cuentas de marketing e ilustración, sigue marcas de viajes, inspiración y diseño. Usa las redes sociales unas cuatro horas al día, fundamentalmente como canal de venta e inspiración.

↓

CUANDO CREO ALGO, PIENSO EN LOLA: ¿CÓMO LO LEERÁ, DESDE DÓNDE Y CON QUÉ MOTIVO?

A partir de ahora, cuando crees contenido, quiero que visualices a «tu Lola» y le hables directamente a ella. Eso te ayudará a personalizar y enfocar tu comunicación de manera más efectiva.

ESCANEA ESTE CÓDIGO CON TU TELÉFONO Y DESCARGA LA PLANTILLA PARA HACER TUS AVATARES.

Dime contra quién compites y te diré quién eres

TU COMPETENCIA TE REPRESENTA.

↓

Deja de ver a tu entorno como enemigos y comienza a verlos como inspiración y compañeros de viaje. Que haya otras personas hablando de tu tema es una señal positiva: el camino ya está delineado y puedes aprovecharlo a tu favor.

LO QUE TENEMOS QUE HACER ES DETECTAR TENDENCIAS Y OPORTUNIDADES.

Nuestro entorno competitivo incluye a todas aquellas personas y empresas que están en el mismo juego. Son aquellos a quienes tus seguidores también siguen y de quienes pueden obtener soluciones complementarias o sustitutivas a lo que tú ofreces.

¿POR QUÉ ES IMPORTANTE?

→ Conocer lo que está haciendo tu competencia es crucial para mejorar, posicionarte con más nitidez y retarte a dar más. No te desanimes al ver que alguien más lo está haciendo bien; en lugar de eso, admira sus éxitos y analiza cómo están consiguiendo resultados.

→ Recuerda que la influencia no se mide por el número de seguidores, sino por la cantidad de personas que realmente confían en ti.

Quiero que busques cinco marcas personales que estén haciendo las cosas bien en tu sector y las analices.

Anota su nombre, en que redes sociales tienen presencia, cómo se describen a sí mismos, las palabras clave y hashtags que utilizan, las principales temáticas de las que hablan, cómo se posicionan en el mercado, lo que mejor les funciona y cómo responden cuando hay un problema con su audiencia.

1. ______________________________

____

____

2. ______________________________

____

____

3. ______________________________

____

____

4. ______________________________

____

____

5. ______________________________

____

____

Seguramente, mientras analizas su perfil irás teniendo ideas e identificarás muchos aprendizajes que puedes tomar de sus acciones. Anótalo todo, nos servirá cuando emprendamos el plan para despegar en redes al final de este libro.

LA COMPETENCIA NO ES TU ENEMIGO, SINO UNA FUENTE DE APRENDIZAJE E INSPIRACIÓN.

Al analizar lo que otros están haciendo bien, puedes encontrar formas de diferenciarte y destacar en tu nicho. A partir de ahora, considera a tu competencia como una referencia y una oportunidad para crecer.

¿Espectador o actor principal?

El mundo se merece tu marca. En el primer capítulo has definido tu valor diferencial y tus objetivos, y en este has analizado el mercado, tus competidores y a tu avatar. Ahora, vamos a unir las dos partes para tener la panorámica de un solo vistazo.

Esto nos ayudará a fijar el rumbo y no debemos dudar. Ya has trabajado tus objetivos y el entorno, ahora solo hace falta salir con todo.

TENER UNA ESTRATEGIA ES ESENCIAL, pues es difícil llegar a un destino si constantemente cambiamos el camino. Es importante que mantengas la consistencia durante un tiempo para medir si las acciones que estás llevando a cabo en redes sociales tienen resultado o no. Vamos a crear la estrategia de tu marca personal.

> Quiero que siempre que lances una nueva acción o proyecto la tengas cerca para que el rumbo que tomes esté cien por cien alineado con tu estrategia, con lo que eres, te representa y te guía.

HERRAMIENTA: STATEGY CANVAS

Para ello, necesitas reflexionar sobre las siguientes cuestiones:

→ ¿Cuál es tu misión como marca personal? Escribe por qué estás en el juego hoy, qué ofreces.

____

____

____

→ ¿Sobre quién impactas? Indica aquí tu avatar, aquel al que más valor vas a dar.

____

____

____

→ ¿Qué valora tu cliente hoy? Anota al detalle qué le importa a tu audiencia actualmente.

____

____

____

→ ¿Qué te hace ser diferencial?

____

____

____

→ ¿Por qué tú? Aporta los motivos por los que eres la mejor opción.

POR ÚLTIMO, recuerda dirigirte siempre a personas, no a seguidores. Conecta profundamente y ofrece el máximo valor; si los ayudas a crecer, ellos te ayudarán a crecer a ti también.

Mantén siempre en mente a tus referentes, esas marcas que están creando las pautas. Hay mucho que aprender de su éxito, ¡y también de sus errores!, pero sigue siempre tu camino. Sé auténtico.

3

POTENCIA TU IDENTIDAD

¿Qué encontrarás en este capítulo?

→ **Cómo crear una imagen única que te represente.**

→ **Cómo comunicar con consistencia.**

→ **Impactarás en cada acción de comunicación.**

→ **Tendrás un estilo único.**

→ **Diseñarás tu tablero de marca personal.**

Impacta y sé único

Vivimos en una era de sobreestimulación donde las redes sociales se han convertido en un flujo incesante de impactos. Miles de personas y marcas luchan constantemente para captar tu atención de manera frenética.

En este entorno, si no logras destacar y hacer que alguien pare un segundo, simplemente te conviertes en parte del paisaje. No existes.

Piensa en un bosque lleno de árboles iguales. Todos pinos idénticos, ninguno capta tu atención, ni los miras, hasta que, de pronto, aparece algo diferente: un almendro en flor repleto de pájaros. Es diferente, curioso y merece la pena pararse a verlo, escucharlo y olerlo.

Lo mismo sucede en las redes sociales.

Necesitas destacar para que la gente te note y se interese por lo que tienes que ofrecer. Para que impactes en este contexto, vamos a maximizar tus oportunidades. Vamos a hacer que seas icónico.

Tienes que asegurarte de que, en unos segundos, tus audiencias reconozcan que eres tú quien está al otro lado de la pantalla y se detengan en tu contenido en lugar de seguir haciendo *scroll*.

RECUERDA, TIENES SOLO UNOS SEGUNDOS PARA PRESENTARTE, CAUTIVAR A TU AUDIENCIA Y FIDELIZARLA. EL ENTORNO ES RADICAL, Y LA COMPETENCIA, FEROZ.

Las tres identidades de marca

Durante todo este capítulo, veremos estas tres identidades paso a paso:

1. Identidad visual: Activación a través de nuestra imagen

La identidad visual se refiere a todos los elementos gráficos que componen tu marca. Esto incluye el logotipo, colores, tipografía, *emojis*, estilo fotográfico y cualquier otro componente visual. Todos estos elementos por separado no dicen nada, pero una combinación única, que se repite de manera consistente y reconocible, hace que seas icónico e inimitable. Crea tu identidad propia.

> Piensa, por ejemplo, en el perfil de Instagram de Nike. Su logotipo es inmediatamente reconocible y su paleta de colores en blanco, negro y rojo es consistente en todas sus publicaciones.

2. Identidad verbal: Activación a través de nuestro discurso y verbo

La identidad verbal engloba la voz y el tono de tu marca, incluyendo el estilo de comunicación y el lenguaje que utilizas. No es de qué hablas, es cómo hablas. La identidad verbal hace tangible tu personalidad, puedes hablar con un tono suave, motivador, impactante...

> Ryanair, por ejemplo, es famosa por su tono sarcástico y sus bromas. Este estilo ha creado una identidad verbal distintiva que atrae a su audiencia y mucha gente sigue a la marca simplemente por como habla.

3. Identidad actitudinal: Activación a través de nuestra personalidad y actos

La identidad actitudinal se refiere a la personalidad y las acciones de tu marca, cómo te comportas y cómo interactúas con tu audiencia.

> Tesla, con Elon Musk, tiene una actitud provocadora e innovadora. Es la representación de un visionario. Las acciones de la marca, desde los lanzamientos de productos hasta las interacciones en redes sociales, manifiestan su personalidad.

Tu marca personal no (solo) va de ti

En el mundo de las redes sociales, todo comunica. Tu marca personal no se trata solo de ti, sino de todo el universo que te rodea. No va solo de tu persona, sino de tu proyecto y cómo lo presentas.

ES VITAL TENER CLARO QUÉ EXPONES A TU PÚBLICO, «QUIÉN» LO EXPONE Y DESDE DÓNDE LO HACES.

↓

La consistencia en tu marca es fundamental para construir fortaleza y evitar que la audiencia pase de largo. Lo que defines y construyes debe mantenerse para que puedas empezar a ser reconocible y memorable.

Vamos a explorar los tres elementos clave de toda marca personal en redes sociales: el personaje, el escenario y el producto.

Para que tu marca personal impacte es importante que tenga consistencia en todos los impactos que haga y en todas tus apariciones. Por eso, es importante que definas las tres partes claves de una marca personal:

HERRAMIENTA: EL GRAN SHOW

1. El personaje

El personaje es «la cara visible» de tu marca, lo que las audiencias ven de ti al otro lado de la pantalla. Este eres tú, pero con una intención estratégica. Es la imagen que proyectas, tu estilo personal, tu manera de comunicar y tu actitud.

Tienes que definir cómo quieres ser percibido. Si con las herramientas anteriores has analizado a quién quieres impactar y dónde compites, ahora es el momento de decidir cómo te ven a ti. ¿Qué personalidad quieres exponer?

Mantén la coherencia en tu comportamiento y la presentación de cada publicación.

POR EJEMPLO, EN MI CASO:

→ **¿Qué ven tus audiencias de ti?**
¿Cómo van a saber que eres tú?

Carolina Kairos va generalmente vestida de blanco o negro, con pendientes superexcéntricos y muchos anillos cargados que rompen con su imagen de *lady* clásica.

Lleva varios collares de perlas, el pelo suelto largo y rubio, y maquillaje informal, pero labios marcados. Zapatos rojos.

→ **¿Qué emoción quieres transmitir?**

Sublime radical: calma y fuerza, cercanía y aspiración, chic y provocación.

2. El escenario

El escenario abarca todos los elementos que te rodean y que son visibles en tus publicaciones. Esto incluye tu entorno, tu vestimenta y los elementos adicionales, como la decoración. Ojo, el escenario también incluye la presencia de tu familia y amigos.

Crea un ambiente que refuerce tu mensaje.

Por ejemplo, si eres chef, tu cocina debe ser atractiva y funcional. Puedes tener elementos icónicos e incluso un delantal excéntrico y especial.

EN MI CASO:

→ **¿Dónde te sitúas? ¿Cómo es tu ambiente?**

Aparece siempre en su entorno de trabajo. Un lugar agradable clásico y muy chic. Le acompañan sus libros y elementos de trabajo: ordenador, pósits, cuadernos...

También aparece en su día a día por Madrid, visitando tiendas de marcas que le inspiran. Y comparte aprendizajes de *branding* que ve en sus viajes por el mundo.

Nunca enseña su casa o su entorno privado —familia y amigos—, sino siempre un escenario profesional y relacionado con el *branding*.

→ **¿Qué emoción quieres transmitir?**

Autoridad libre: hedonismo, relevancia y excelencia.

3. El producto

El producto es lo que ofreces a tu audiencia: el contenido y el valor que proporcionas. Puede ser información, entretenimiento, inspiración o cualquier otra cosa que la gente consuma de ti.

Define claramente qué es lo que ofreces, por qué alguien debe gastar su tiempo en ti y no en otra opción.

O eres relevante y valioso, o pasan de largo.

POR EJEMPLO:

→ **Define qué vas a dar a tu audiencia. ¿Qué vas a ofrecer de valor?**

Ofrece formación de *branding* y marca personal. Contenido inspiracional de cómo ser un CEO hedonista.

→ **¿Qué emoción quieres transmitir?**

Disrupción accesible: potencia y cambio de mentalidad.

¿QUÉ ELEMENTOS VAN A SER ICÓNICOS EN TU MARCA, VAN A CREAR COHERENCIA Y PUEDES MANTENER DE FORMA CONSISTENTE A LO LARGO DEL TIEMPO?

Lo importante es que pienses qué sensación y emoción buscas transmitir. ¿Quieres que tu audiencia se sienta inspirada, motivada, tranquila, informada?

IDENTIFICA LAS EMOCIONES CLAVE:

Personalidad que enamora

Activa todo el poder de la personalidad de tu marca. Conectar con lo que eres es esencial en el mundo del *branding*. Si tuviera que destacar la identidad más importante en *branding*, tanto para marcas corporativas como personales, sería la identidad actitudinal: nuestra personalidad.

¿POR QUÉ ES IMPORTANTE?

→ Es difícil confiar o creer en alguien con quien no conectas, con quien no tienes nada en común. La personalidad va más allá de las fronteras y las edades; se trata de pertenecer a una misma tribu, de defender un mismo estilo de vida y de compartir una visión del mundo.

→ Tener una personalidad bien definida te hace magnético para otras marcas similares, facilita el flujo de relaciones y te permite conectar de forma auténtica y genuina.

Para facilitarte esta tarea, voy a presentarte mis 12 arquetipos. Alinear tu marca personal con un arquetipo te permite conectar de manera más profunda con tu audiencia y generar relaciones duraderas y auténticas.

TENER UNA PERSONALIDAD CLARA Y ACTIVA TE HARÁ DESTACAR EN UN MERCADO SATURADO SIENDO AUTÉNTICO Y ÚNICO.

Mis arquetipos de marca o doce carismas son una reinvención y adaptación de los de Carol S. Pearson y surgen a su vez de la teoría del médico y psicólogo Carl Gustav Jung. Estas figuras representan diferentes atributos y valores de nuestro inconsciente colectivo y crean una imagen consensuada y universal.

Léelos con calma y descubre cuál te representa más, cuál te empodera.

Si tienes dudas, a continuación te dejo una serie de pasos para descubrir qué arquetipo potencia tu marca personal:

PASO 1:

Hazte la gran pregunta: ¿qué jamás sería o haría tu marca? Aquí puedes encontrar el miedo del arquetipo con el que conectas más.

PASO 2:

Dime, ¿qué da tu marca a sus seguidores? Analiza con qué arquetipos compartes ese don que das al mundo.

PASO 3:

Descubre tu arquetipo: analiza qué arquetipo representa más a tu marca. ¿Eres el héroe, el hedonista o el cuidador?

PASO 4:

Comprende a tu audiencia: investiga qué arquetipos resuenan más con tu audiencia. ¿Qué buscan ser ellos?

PASO 5:

Crea símbolos que hagan tangibles a tus arquetipos. Por ejemplo, si tu arquetipo es un *playfull,* debes utilizar elementos divertidos en tu comunicación, disfraces, hacer bromas...

EN MI CASO,

→ los arquetipos que represento son el héroe y el radical.

¿QUIERES SER EXPERTO EN ARQUETIPOS? ESCANEA EL QR Y DESCARGA TUS TABLAS A TODO COLOR Y UN VÍDEO DONDE TE CUENTO MÁS.

Identidad visual: entra por los ojos

Si me preguntan cómo debe ser una identidad visual ganadora, siempre diré lo mismo: consistente y memorable. Haz que tu marca impacte, que visualmente sea icónica, atractiva y diferencial.

Cuando pensamos en identidad visual, a menudo nos imaginamos complejas obras maestras, pero la verdad es que la clave está en la simplicidad y en apropiarse de ciertos elementos para ser inconfundible. En esta guía te mostraré lo que necesitas para destacar con tu propia esencia. Aquí mi manifiesto sobre cómo debe ser la identidad de una marca personal en redes sociales:

1. Coherencia o caos

Desde tu foto de perfil hasta la firma de tus *emails*, cada detalle cuenta para contar tu historia. Cada detalle debe ser puro tú. ¡Sé auténtico siempre! Usa siempre el mismo estilo, los mismos logos, colores en todos tus puntos de contacto.

2. Todo importa

Tu nombre tiene que ser memorable, pero también visualmente icónico. Quiero que hagas un logo con tu sello personal, tu marca en el mundo digital. Hazlo inolvidable, atractivo y diferente.

3. Colores que te elevan

Elige tus colores de forma estratégica, no solo por gustos personales. ¡Que reflejen tu esencia y estilo único! Que sean tus aliados, tu seña de identidad en medio del caos digital. ¡Que cada tono sea un grito de victoria!

4. *¡Emojis* con poder!

Capitaliza ciertos emojis. Úsalos estratégicamente para darle vida a tu comunicación. ¡Que cada uno diga algo sobre ti! Dales un nuevo significado.

5. Visuales que te representen

Haz que cada *post* o vídeo tenga toque único, un estilo que solo tú puedas tener. Aquí ten en cuenta otros recursos que puedes usar a tu favor, como las transiciones, los efectos, la música...

6. Tipografía *on Brand*

Elige fuentes legibles, sí, pero también que te representen.

7. Sencillez es poder

En un mundo de ruido y distracciones, sé claro. Opta por un diseño limpio y clarificador que haga brillar tu mensaje. Menos es más, pero eso no significa que sea aburrido. No te compliques la vida. A veces, un fondo rojo y una tipografía clara son suficientes para marcar tu territorio. ¡Hazlo fácil, hazlo impactante!

Tu identidad visual en redes sociales no solo es una representación estética, sino una herramienta poderosa para comunicar quién eres y qué vas a ofrecer al mundo. Es toda una declaración de intenciones. Un buen mensaje con una identidad visual equivocada se puede echar a perder.

El poder del color

Como experta en *branding*, no creo en dogmas sobre el color; es más, te invito a innovar y salir de lo que hace todo tu sector y categoría. Pero, por si te ayuda, te dejo una tabla con lo que comúnmente se «dice» que expresa cada color y qué sectores lo suelen utilizar.

ESCANEA ESTE CÓDIGO CON TU TELÉFONO Y DESCARGA LA GUÍA COMPLETA DE MARCAS Y COLORES.

Mi recomendación es que analices dónde está la oportunidad para maximizar tu diferenciación y no ser un clon.

El uso del color también depende de nuestra cultura y experiencias personales; por eso, te recomiendo que dejes que esta tabla te ilustre, pero no que te limite.

EN MI CASO,

→ utilizo los colores blanco, rojo y negro como principales.

La potencia de la tipografía

Un elemento vital de nuestra marca personal es la tipografía que utilizamos. Aquí te dejo recomendaciones sobre qué fuente usar en tu marca.

Es crucial que elijas una fuente cuya legibilidad sea buena. Si no pueden leerte, no pueden conocerte. Prueba los tamaños mínimos y cómo funciona en miniatura para ver si tus audiencias pueden leer tus textos. No te recomiendo usar más de tres fuentes diferentes.

Aquí te dejo un ejemplo de cómo yo uso mis tipografías en mis *posts*.

YO USO:

→ Gentium Plus y BEBAS NEUE.

Empieza con tu primer Brand Board

El *Brand Board*, o tablero de marca, es una herramienta visual que se utiliza en el diseño gráfico y la creación de marcas como una «guía» que reúne todos los elementos visuales clave que constituyen la identidad de una marca.

PARA QUE PUEDAS EMPEZAR DE FORMA FÁCIL, TE PROPONGO QUE TU PRIMER BRAND BOARD TENGA LOS SIGUIENTES ELEMENTOS:

1. Logotipo

La representación gráfica del nombre de la marca o su símbolo distintivo.

2. Paleta de colores

La selección específica de colores que se utilizan para representar la marca. Empieza eligiendo tres: uno principal y dos complementarios.

3. Tipografía

Las fuentes o tipos de letra que se utilizan de manera consistente en todos los materiales de la marca, desde el logotipo hasta el texto corporativo. Elige como máximo tres.

4. Estilo visual

Puede incluir patrones, texturas o cualquier otro elemento gráfico distintivo que se asocie con la marca.

5. Iconografía

Elementos gráficos adicionales, como iconos, ilustraciones, emojis.

SI QUIERES VER
UN EJEMPLO DE UN BRAND
BOARD PROFESIONAL,
ESCANEA ESTE QR.

Identidad verbal: no es lo que dices, es cómo lo dices

La identidad verbal no es solo lo que dices, sino también cómo lo dices. Engloba la voz y el tono de tu marca, incluyendo el estilo de comunicación y el lenguaje que utilizas.

Con tu identidad verbal, puedes activar una variedad de elementos que potencian la personalidad de tu marca y hacerte más icónico. Debes tener en cuenta dos cuestiones:

Tu tono de voz

Es la actitud que transmites al hablar o escribir. Puede ser formal, amigable, seria, desenfadada... Puedes adaptarlo al mensaje y es fundamental para ser percibido como deseas.

POR EJEMPLO,

→ si quieres transmitir seguridad, sería ideal que tu tono de voz fuera calmado, tranquilo y firme.

Tu estilo verbal

Es la forma en que te expresas, desde la elección de palabras hasta la estructura de las frases. Es como tu sello personal en la comunicación, lo que te hace destacar. Refleja tu personalidad y debe ser reconocido en todas tus comunicaciones.

Esta herramienta te proporcionará los elementos básicos que debes tener en cuenta para que tu marca sea identificable no solo por los temas que expone, sino también por cómo habla.

AQUÍ TIENES CUATRO INDISPENSABLES QUE PUEDEN DEFINIR TU IDENTIDAD VERBAL:

Tu nombre

Puede ser tu nombre real, como María Pombo, o un seudónimo, como BIZARRAP, el nombre artístico de Gonzalo Julián Conde.

Palabras clave y frases icónicas

Identifica términos y frases que te representen y te posicionen. Estas palabras clave pueden incluir tus valores, áreas de experiencia o cualquier otro aspecto relevante para tu marca personal. Por ejemplo, yo uso mucho «a fuego».

Nombre de tu comunidad o seguidores

Si has creado una comunidad en torno a tu marca personal, puedes usar un nombre especial para referirte a tus seguidores. Esto puede fomentar un sentido de pertenencia y conexión más fuerte entre tú y tu audiencia. En mi caso «Branders».

Saludo de bienvenida y cierre

Tus saludos de bienvenida y despedida son esas frases que repites siempre. Haz que sean únicos, que reflejen tu personalidad y que tus audiencias los interioricen. Yo utilizo «¡Hola, branders!» y «Hazlo o lo verás hacer».

4

CONECTA CON TU AUDiENCiA y EMOCiONA

¿Qué encontrarás en este capítulo?

- → Cómo hacer un mensaje que impacte.
- → Qué contar con tu marca.
- → Crearás tu *storytelling*.
- → Crearás aliados de forma estratégica.

Prepárate para dar el gran salto y llevar tu marca personal al lugar que se merece. ¡El mundo está listo para conocerte!

> LO PRIMERO ES
> QUE TE CONOZCAN;
> LO SEGUNDO, QUE CONFÍEN EN TI;
> Y LO TERCERO, QUE SE CONVIERTAN
> EN CLIENTES.

El mensaje perfecto

Un buen mensaje, consejo o propuesta, si no tiene una estructura adecuada, se echa a perder. Imagínate que tienes todos los ingredientes para preparar un pastel delicioso, pero comienzas a mezclarlos al revés. El resultado no será el esperado. Lo mismo ocurre con tus mensajes y el contenido que quieres lanzar al mundo. Proporcionar un orden que siga una estrategia es importante y maximiza tus oportunidades.

¿POR QUÉ ES IMPORTANTE?

Debes captar, retener y fidelizar a tu audiencia en cada lanzamiento.

Cada mensaje que comunicas es una oportunidad para posicionar tu marca personal en el lugar que deseas. Pero si las personas no te dan la oportunidad y no te escuchan, será imposible que puedas ofrecerles tu valor. Cada palabra y cada frase son cruciales para asegurarte de que tu audiencia no solo se quede, sino que también se comprometa contigo y con tu mensaje.

Que no se vayan.

Las cinco etapas del mensaje perfecto

Para posicionar tu marca personal en redes sociales con éxito, es fundamental crear mensajes que no solo transmitan tu contenido, sino que también ofrezcan una experiencia seductora y memorable. Que merezca la pena invertir el tiempo en ti.

Piensa en un restaurante de estrella Michelin: la calidad de la materia prima es importante, pero la experiencia que la rodea es lo que realmente destaca.

HERRAMIENTA: EL MENSAJE PERFECTO

Aquí te explico las etapas de un mensaje perfecto:

1. La fase de invitación

Lo que buscamos es captar la atención de inmediato. En las primeras dos frases, debes dejar claro qué se puede esperar del mensaje que acabas de lanzar. Sé conciso y directo, genera curiosidad y anticipación. Que apetezca seguir descubriendo más.

EJEMPLO:

→ «Hoy te revelo tres estrategias infalibles para mejorar tu marca personal».

2. La fase de autoridad

Lo que buscamos en esta etapa es establecer credibilidad y confianza. De forma sutil, deja claro quién eres y por qué tienes autoridad para hablar sobre el tema. No se trata de saturar con títulos, sino de compartir tu experiencia y los conocimientos que te respaldan. Lo que te avala y dota de confianza la siguiente fase.

EJEMPLO:

→ «Soy Juan Pérez, con más de diez años de experiencia en marketing digital y he ayudado a más de cien marcas a destacar».

3. La fase de contexto

Prepara a tu audiencia para recibir el valor. Haz que saliven un poco. Antes de presentar la solución o el contenido principal, es crucial que tu audiencia entienda por qué es valioso o beneficioso para ellos. Proporciona contexto y explica la relevancia de lo que estás a punto de compartir. Es como preparar el terreno para que aprecien lo que viene.

EJEMPLO:

→ «Imagina tener una herramienta que no solo mejora tu visibilidad, sino que también aumenta tu *engagement* en un 50 por ciento. Eso es exactamente lo que aprenderás hoy».

4. La fase de valor

La promesa desvelada. Este es el plato fuerte. Aquí es donde entregas el contenido valioso que ayuda, entretiene o educa a tu audiencia. Asegúrate de que sea claro, útil y aplicable.

EJEMPLO:

→ «El secreto es crear una identidad verbal impactante».

5. La fase de seguimiento

Terminamos siempre haciendo una invitación, que se queden para consumir nuevo contenido. Puede ser seguirte, comentar, compartir tu contenido o explorar más de lo que ofreces. Asegúrate de que el «call to action» —la llamada a la acción— sea claro y persuasivo.

EJEMPLO:

→ «Para obtener más estrategias exclusivas, visita mi perfil y descarga mi guía gratuita sobre marketing personal».

En resumen, siguiendo estas cinco etapas, tus mensajes no solo transmitirán, impactarán y darán valor. Captarás su atención, establecerás tu autoridad, proporcionarás contexto, entregarás valor y la motivarás a seguir comprometida contigo y con tu marca.

Así, cada mensaje que lances será una oportunidad para fortalecer y posicionar tu marca personal en el salvaje mundo de las redes sociales.

Storytelling

El *storytelling* es el arte de contar historias de manera efectiva para transmitir un mensaje o emocionar a una audiencia. Se utiliza para conectar emocionalmente con el público y comunicar los valores, la misión y la visión de tu marca.

Te pongo un ejemplo para que se entienda mejor: imagina que tienes una empresa que vende café artesanal, en lugar de simplemente decir que tu café es el mejor, utilizas el *storytelling* para contar la historia de cómo empezó tu empresa, desde el momento en que descubres una finca de café en las montañas, conoces a los agricultores locales y te apasionas por la calidad y el sabor del café que cultivan. Hablas de cómo seleccionas cuidadosamente los granos y del proceso artesanal que utilizas para tostar el café. También puedes compartir historias de tus clientes satisfechos, que disfrutan de una taza de café cada mañana, o lo que se siente al ver el amanecer en Salento con una buena taza de tinto —así es como se llama el café solo en Colombia— recién hecho.

¿POR QUÉ ES IMPORTANTE?

1. **Conexión emocional**: las historias permiten a las personas conectarse genuinamente con una marca y hacen que se sientan más cercanas y leales.

2. **Diferenciación**: en un mercado saturado, una buena historia puede diferenciar tu marca de la competencia. Tu camino solo lo has vivido tú, dale el valor que tiene.

3. **Memorabilidad**: las historias son más fáciles de recordar que simples hechos o datos, lo que hace que tu marca sea más recordable.

4. ***Engagement***: las historias interesantes capturan la atención de las personas y las mantienen interesadas en tu marca.

5. **Humanización de la marca**: contar historias humaniza tu marca y la hace más accesible y cercana a la audiencia.

HERRAMIENTA: LAS TRES HISTORIAS CLAVE

En resumen, el *storytelling* es una manera poderosa de comunicar quién eres, qué haces y por qué lo haces, todo mientras capturas la atención y el corazón de tu audiencia.

Para que una marca personal se convierta en una *love brand*, es decir, una marca que sus seguidores aman y con la que tienen una conexión emocional profunda, es esencial contar historias auténticas y significativas. Aquí te dejo las tres historias clave que toda marca personal debería contar:

1. La historia de origen

Esta historia debe explicar cómo y por qué nació tu marca personal. Debe resaltar los momentos clave que te llevaron a crearla y los desafíos que enfrentaste en el camino.

ELEMENTOS CLAVE:

→ **Motivaciones:** ¿qué te inspiró para iniciar tu marca personal?

→ **Desafíos y obstáculos:** momentos difíciles que superaste.

→ **Primeros éxitos:** los hitos iniciales que confirmaron que estabas en el camino correcto.

Carolina Kairos fue despedida de la mejor agencia de branding *del mundo a los veintisiete años. En lugar de rendirse, fundó su propia agencia de* branding *desde cero. Su resiliencia y visión la llevaron a convertirse en referente y experta en su ámbito, y autora* bestseller.

2. La historia de la misión y los valores

Esta historia debe reflejar los valores fundamentales y la misión de tu marca personal. Es crucial que los seguidores entiendan qué representa tu marca y qué principios la guían.

ELEMENTOS CLAVE:

- **Valores fundamentales:** honestidad, integridad, pasión, etc.
- **Propósito:** ¿qué impacto deseas tener en tu audiencia o en el mundo?
- **Ejemplos concretos:** historias o anécdotas que demuestren estos valores en acción.

Carolina Kairos busca empoderar a personas y empresas para que tengan más libertad y mejores oportunidades. Su bestseller *sobre* branding *da todas las armas para que todo el mundo pueda dedicarse a lo que quiere.*

3. La historia de impacto

Esta historia debe mostrar cómo tu marca personal ha supuesto un cambio en la vida de otros. Pueden ser testimonios de seguidores, transformaciones positivas que hayas inspirado o cualquier impacto significativo que hayas logrado.

ELEMENTOS CLAVE:

- **Testimonios y casos de éxito:** historias de seguidores que han recibido un impacto positivo.
- **Resultados concretos:** métricas o logros que demuestren el impacto de tu marca.
- **Relatos inspiradores:** historias emotivas que muestren la transformación que has provocado.

> *El* bestseller *de Carolina Kairos ha transformado el* branding*. Su empresa, aplicando sus principios, aumentó sus ventas en un 300 por ciento en un año.*

Al contar estas tres historias de manera auténtica y emocional, puedes crear una conexión profunda con tu audiencia, lo que te ayudará a convertir tu marca personal en una *love brand*.

RECUERDA SIEMPRE MANTENER LA COHERENCIA Y LA AUTENTICIDAD EN CADA HISTORIA PARA QUE TU AUDIENCIA SIENTA UNA CONEXIÓN REAL Y DURADERA CONTIGO.

Provoca, impacta y vende

No hay una segunda oportunidad para dar una primera impresión. Hay que ir con todo.

Para destacar y conectar de manera profunda con tu audiencia, es crucial ser constante y proporcionar contenido de alto valor. Es mejor poco y bueno que mucho y mediocre. Recuerda que el objetivo de crear contenido es posicionarte, no ser una revista ni un canal de diversión.

A continuación, te dejo las cinco acciones que tienes que tener en cuenta para el lanzamiento de tu marca personal en redes sociales:

1. Crea series de contenido

Imagina que tu marca es una serie de Netflix con episodios lanzados regularmente. Esto crea una narrativa continua y genera expectativas en tu audiencia. Cada «episodio» puede abordar un tema específico dentro de tus narrativas clave: transformación, confianza, autoridad.

Es importante que también generes expectación sobre lo que viene: planifica y anuncia tus publicaciones con antelación. Usa *teasers* y adelantos para generar interés.

2. Crea rituales con tus audiencias

Aquí una recomendación personal, si vas a crear tus series de valor en relación con tus narrativas te recomiendo que las publiques a las mismas horas y días. La consistencia ayuda a construir hábitos en tu audiencia, lo que incrementa el *engagement*. Haz que esperen ansiosos el nuevo lanzamiento.

También es vital que seas creativo en la presentación de estas series de contenido. Por ejemplo, el café creativo de los lunes o los sábados de receta sin gluten... Ponles un nombre jugoso. Esto ayuda a tus seguidores a saber qué esperar y cuándo. Sé su canal favorito.

3. Calidad mejor que cantidad

Somos egoístas; si no nos aporta, lo apartamos. Tu contenido tiene que entretener, educar o inspirar para ser relevante. Recuerda que ya has analizado qué están haciendo otros referentes, qué gusta más a tu público. Por tanto, crea piezas que apetezca ver y escuchar, tomando esta información como referencia. Aplica lo aprendido.

Es mejor dos impactos ritualizados semanalmente y potentes que diez superfluos durante la semana. Pero no te obsesiones, mejor hecho que perfecto.

4. Experimenta siempre

No temas probar diferentes tipos de contenido: vídeos, emails, pódcast, infografías... Piensa siempre en cómo hacerte la vida fácil.

Busca lo que más te fluya de manera natural y encuentra cómo ser más creativo en ese aspecto. Realiza diferentes pruebas cambiando cosas entre tus diferentes redes sociales para ver qué resuena mejor con tu audiencia. Y evidentemente analiza siempre los datos. Del creo al veo.

5. Participa y abre conversaciones

No seas un topo, escribe a otras cuentas, habla con otros creadores y marcas personales. Comparte tu opinión en otros *post* de expertos. Lánzate, pero también abre conversaciones para que se te vea en otros entornos más allá del tuyo. Esto es cien por cien efectivo. Si eres regular, tienes más papeletas para crear buenas relaciones.

EN CONCLUSIÓN, lanzar tu marca personal con éxito exige planificación estratégica y creatividad. Trata tu contenido como una serie, establece rutinas firmes, prioriza calidad sobre cantidad, experimenta siempre y elige tus canales con cuidado. Así podrás conectar de manera profunda y duradera con tu audiencia, asegurándote de que tu contenido destaque y resuene con tu audiencia.

Construye tu tribu

Triunfar en redes sociales no se trata solo de ser bueno. Está claro que tener un contenido brillante es crucial, pero para acelerar tu éxito necesitas aliados y altavoces que aviven tu fuego. Las alianzas estratégicas son claves para alcanzar el éxito en redes sociales.

Estas conexiones no solo amplían tu alcance, sino que también refuerzan tu credibilidad y te permiten ofrecer un valor aún mayor a tu audiencia. Colaborar con otras marcas o empresas te ayuda a impactar a más personas, lo que beneficia a ambas partes.

El primer paso es identificar marcas o creadores de contenido que compartan tu visión y misión. Busca a aquellos con valores similares y una audiencia a la que le interese lo que tienes para ofrecer. Más que números de seguidores, busca autenticidad y afinidad de intereses.

Una vez identificados, llega el momento de contactar con ellos con una propuesta sólida. Aquí algunas estrategias que pueden beneficiar a dos marcas con intereses similares:

→ **Eventos en vivo o *webinars* conjuntos:** expertos que comparten conocimientos en directo.

→ **Referencias cruzadas:** cada marca presenta al público del otro.

→ **Pódcast conjuntos:** aumenta la participación y el alcance.

→ **Cursos colaborativos y menciones:** suma valor educativo y reconocimiento mutuo.

Al colaborar con marcas afines, no solo amplificas tu alcance y fortaleces tu credibilidad, sino que también enriqueces la experiencia de tu audiencia.

Además de multiplicar tu impacto, estas colaboraciones también fortalecen tu presencia en el mercado. Aprovecha el poder de construir relaciones fuertes y auténticas. Las alianzas son de las estrategias más poderosas que puede crear tu marca personal.

No solo hay que ser una marca personal en redes, hay que crear buenas relaciones y lanzarnos al mundo.

Ya tienes todas las armas que te hacen falta para lanzarte. Como digo a mis clientes, no te quedes rumiando como una oveja y mejor hecho que perfecto. *Zorry,* pero ya no hay más teoría, esto no va de leer, va de hacer.

Por eso, si has llegado hasta aquí, ¡ahora empieza tu plan para activar tus redes en treinta días!

5

PLAN DE ACCIÓN. 30 DÍAS PARA DESPEGAR EN REDES SOCIALES

Es el momento. Ahora viene la parte más desafiante: salir de la cueva, exponerte y estar preparado para todo.

No sirve de nada tener la mejor marca del mundo si estás escondido o no te atreves a decir con orgullo todo lo que tienes que ofrecer.

Ya hemos diseñado una marca personal con los activos más importantes para ser relevante en redes sociales. Ya tienes todo claro, no hay excusas. Ahora toca hacer que nuestra propuesta conquiste el mundo.

Durante los próximos 30 días vas a poner en práctica todo lo aprendido anteriormente. Te voy a guiar paso a paso para que realices una acción diaria.

Mi recomendación es ir paso a paso. No desistas si los resultados no son inmediatos, piensa que es como ir al gym: no puedes tener el cuerpazo de tu vida en una sola sesión. Lo importante es seguir, atravesar el proceso y que lo vivas.

Pase lo que pase, vas a ganar. En seguridad, en experiencia y en perder la vergüenza. Como digo siempre, la vergüenza es enemiga de la riqueza.

Para este plan de acción, voy a poner de ejemplo a una mujer que quiere posicionarse como influencer en el mundo de los postres veganos.

Este sería el plan de treinta días para pasar de cero a todo con su marca personal, pero lo que realmente quiero es que pienses en tu caso particular

y apliques el ejemplo.

DÍA 1

Tu GPS personal

La primera acción para construir tu marca personal es definir claramente qué quieres obtener de ella. Esto te dará una base sólida sobre la que construir tu presencia en redes sociales.

Acción del día

Tómate un momento para reflexionar sobre por qué quieres convertirte en una marca personal influyente. Escribe una declaración que resuene contigo y con tu audiencia.

EJEMPLO PRÁCTICO

- ¿Por qué quieres tener tu marca personal activa?

Quiero llegar a más gente con mis recetas veganas y en un futuro lazar mi libro de recetas.

- ¿Para qué quieres tener una marca personal?

Para ganar autoridad en el sector de la salud y publicar mi libro de recetas.

- Resume tus razones en una frase.

Vivir de mi pasión, monetizarla y disfrutar de más libertad.

- Condensa tu objetivo en una sola palabra.

Disfrute.

- Di, en una sola palabra, la razón por la que quieres alcanzar ese objetivo.

Creer.

AHORA TÚ

- ¿Por qué quieres tener tu marca personal activa?

- ¿Para qué quieres tener una marca personal?

- Resume tus razones en una frase.

- Condensa tu objetivo en una sola palabra.

- Di, en una sola palabra, tu razón para querer alcanzar ese objetivo.

Impacto

- Tener tu destino claro no solo te ayudará a mantener el enfoque, sino que también atraerá a una audiencia que comparte tus valores. Esto es esencial para crear una comunidad sólida en torno a tu marca.

DÍA 2

Establece tu valor diferencial

Diferenciarte en un mundo saturado de información es crucial. ¿Qué puedes ofrecer que sea único?

Acción del día

Recuerda los que has concluido que son tus dones únicos. ¿Tienes alguna habilidad particular? ¿O tal vez un enfoque único? Trabaja tus talentos para poder contarlos al mundo.

EJEMPLO PRÁCTICO

- ¿Cuál sería el valor diferencial de la pastelera?

«Mis postres veganos se centran en la simplicidad y la accesibilidad. Creo recetas que cualquier persona, independientemente de su nivel de experiencia en la cocina, puede replicar en casa. Además, utilizo ingredientes fáciles de encontrar en cualquier supermercado».

AHORA TÚ

- ¿Cuál es tu mejor habilidad?

- ¿Cuál es tu enfoque?

- Teniendo esto en cuenta, ¿cuál es el valor diferencial de tu propuesta?

Impacto

- Identificar tu valor diferencial te permitirá atraer a personas que buscan algo específico y auténtico.
- También te ayudará a construir una marca coherente que se reconozca fácilmente.

DÍA 3

Conoce a tu audiencia. Los avatares

Conocer a tu audiencia te ayudará a crear contenido que realmente les resuene. Sin público ni seguidores, tu marca no puede crecer.

Acción del día

Define a tu audiencia ideal.

EJEMPLO PRÁCTICO

- Los avatares de la pastelera serían:

Avatar principal:

Lisa, sesenta años, busca recetas saludables. Es madre y quiere hacer postres veganos para sus hijos. Se preocupa por su salud y el medioambiente.

Avatar secundario:

Juan, veinticinco años, es vegetariano desde hace tiempo, pero le cuesta encontrar postres veganos que le gusten. Disfruta de la cocina y está dispuesto a experimentar.

- Te pongo como ejemplo el avatar principal. Tú crea los dos para definir bien tu audiencia.

Nombre: Lisa **Edad:** 60 **Sexo:** Mujer

Personalidad:

Cercana pero exigente. Innovadora y visionaria. Activista.

Profesión:

Ejecutiva de cuentas en una agencia de publicidad.

Miedos:

Que su imagen no sea la que ella quiere; que sus hijos, al haber crecido, no vayan tanto a casa.

Deseos:

Viajar por el mundo y vivir una jubilación de lujo.

¿Cómo pasa su día a día?

Trabaja y tiene un puesto con mucho expertise, pero lo combina con su pasión por la salud, la buena alimentación y los paseos por la naturaleza. Le gusta cuidarse y hacer que otros también se cuiden. Odia la comida rápida.

¿Qué le gusta?

La gastronomía, la moda, la naturaleza, el boxeo, los animales.

¿Qué otras cuentas sigue?

Cuentas de defensa de animales, estilo de vida balanceado, meditación, cocina y fitness.

¿Qué marcas sigue? Chefs, coachs de nutrición.

¿Cuántas horas al día usa las redes sociales?:

Dos, no tiene mucho tiempo.

¿Cómo usa las redes sociales?

Para inspirarse y conectar con amigos.

AHORA TÚ

- Utiliza estas plantillas para crear perfiles detallados de tus avatares.

Nombre: | **Edad:** | **Sexo:**

Personalidad:

Profesión:

Miedos:

Deseos:

¿Cómo pasa su día a día?

¿Qué le gusta?

¿Qué otras cuentas sigue?

¿Qué marcas sigue?

¿Cuántas horas al día usa las redes sociales?

¿Cómo usa las redes sociales?

Impacto

- Al comprender quién es tu audiencia, podrás adaptar tu contenido y tu mensaje para que resuene con ellos, aumentando así la interacción y el compromiso.
- Obsesiónate con ellos. Crea tus posts y contenidos como si les estuvieras hablando directamente.

DÍA 4

Desarrolla tu personaje de marca

Tu personaje de marca es fundamental para destacar en las redes sociales. Quiero que generes el impacto suficiente como para que sepan que eres tú en un solo vistazo.

Acción del día

Piensa en cómo te presentas en las redes. Define tu estilo, colores y tono de voz.

EJEMPLO PRÁCTICO

Estilo:

La pastelera utilizará colores cálidos y terrosos en sus publicaciones, como verde y marrón, que reflejan la naturaleza y lo orgánico.

Tono de voz:

Será amigable y accesible, como una abuela que comparte sus secretos de cocina.

Iconicidad:

Irá siempre vestida con un delantal con flores llamativas bordadas.

Comunidad:

Llamará a su comunidad Sweet Vegans.

AHORA TÚ

- Define tu imagen de marca

¿Qué estilo quieres presentar? (elegante, desenfadado...)

¿Qué colores vas a escoger para representar ese estilo?

¿Cómo vas a trasmitirlo, cuál será tu tono de voz?

¿Cuál será tu elemento icónico?

¿Cuál será el nombre de tu comunidad?

Impacto

* Tener un personaje de marca claro y atractivo te ayudará a ser más memorable, icónico y a conectar emocionalmente con tu audiencia. Genera familiaridad e impacto, pero sobre todo coherencia y consistencia.

DÍA 5

Investiga y selecciona tu red social

Acción del día

Dedica tiempo a investigar las diferentes redes sociales disponibles. Considera tu audiencia, el tipo de contenido que prefieres crear y las características de cada plataforma. A continuación, te dejo una guía para ayudarte a decidir.

INSTAGRAM: Visual y creativo

- **Ideal para:** Mostrar tus talentos de manera visual y fomentar relaciones día a día.
- **Características:** Publicaciones de fotos, reels, stories y un enfoque en la estética.
- **Por qué elegirla:** Si disfrutas de la fotografía, los vídeos y de crear contenido visualmente atractivo, Instagram es una excelente opción. También para enseñar tu estilo de vida.

FACEBOOK: Comunidad y conexiones

- **Ideal para:** Crear un grupo de apoyo o comunidad.
- **Características:** Publicaciones de texto, imágenes, vídeos, eventos y grupos.
- **Por qué elegirla:** Facebook permite conectar con un público más amplio y diverso.

PINTEREST: Inspiración y descubrimiento

- **Ideal para:** Compartir guías, productos y conocimientos.
- **Características:** Tableros visuales, pines y búsqueda visual.
- **Por qué elegirla:** Pinterest es ideal para aquellos que buscan inspiración. Puedes crear tableros sobre diferentes tipos de productos y servicios, y dirigir tráfico a tu blog o cuenta de Instagram.

TIKTOK: Contenido corto y tendencias

- **Ideal para:** Crear vídeos cortos y muy alineados con las tendencias.
- **Características:** Vídeos cortos, efectos creativos y un enfoque en tendencias.
- **Por qué elegirla:** Si te gusta la idea de crear contenido dinámico y divertido, TikTok puede ser perfecto para mostrar tus recetas de manera creativa y atractiva. Además, tiene un gran potencial de viralidad.

YOUTUBE: Contenido en profundidad

- **Ideal para:** Tutoriales y vídeos más detallados.
- **Características**: Vídeos más largos, suscripciones y monetización.
- **Por qué elegirla:** Si deseas profundizar en tu conocimiento, YouTube es la plataforma adecuada. Puedes crear tutoriales paso a paso, un pódcast, vídeos más completos...

AHORA TÚ

- Para ayudarte a elegir una red social, te planteo las siguientes preguntas que vimos en el primer capítulo.

1. **Sé realista, ¿cuánto tiempo tienes al día para invertir en redes sociales?**

2. **¿Qué se te da mejor de forma natural? ¿Escribir, hablar, crear vídeos...?**

3. **¿Qué red social te parece más sencilla o con cuál tienes más experiencia?**

4. **¿Qué red social te motiva más?**

5. **Teniendo todas estas pregutas en cuenta, ¿en qué red social quieres comenzar?**

Según tus respuestas, puedes ver qué red social se adapta mejor a tus necesidades en la lista de características.

Impacto

* Al elegir la red social correcta, podrás conectar mejor con tu audiencia y maximizar tu impacto.
* Considera tu estilo de contenido, lo que más disfrutas hacer y dónde se encuentra tu público objetivo.
* No te limites a una sola red; puedes probar varias y ver cuál resuena más con tus seguidores.
* Recuerda que lo más importante es ser auténtica y disfrutar del proceso.

DÍA 6

Crea una biografía atractiva

Tu biografía en las redes sociales es más que una simple descripción, es tu carta de presentación y la primera impresión que muchos tendrán de ti. Debe ser clara, concisa y motivadora, y reflejar tu personalidad y tus valores. Te contaré cómo crear una biografía que no solo te represente, sino que también capte la atención de tus seguidores.

Acción del día

Dedica tiempo a pensar en quién eres y qué quieres comunicar. Tu biografía debe resumir tu esencia como marca personal. Esta es la estructura para escribir una biografía atractiva e impactante que te recomiendo.

EJEMPLO PRÁCTICO

1. **Empieza con una frase impactante:**
   - Comienza con una afirmación que capte la atención. Esto puede **ser tu pasión** o una **declaración** de lo que representas.

EJEMPLO: Apasionada de los postres veganos que endulzan la vida.

2. **Describe lo que ofreces:**

   - Menciona el tipo de contenido que compartirás. Esto ayudará a tus seguidores a entender qué pueden esperar de ti.

   EJEMPLO: Comparto recetas saludables y deliciosas que cualquiera puede hacer en casa.

3. **Conecta emocionalmente:**

   - Agrega **un toque personal** que haga que tu biografía sea más accesible y te haga único. Usa un tono amigable y cercano.

   EJEMPLO: 🍰 Creo en un futuro consciente, donde cada postre cuenta una historia.

4. **Incluye tu misión:**

   - Explica brevemente **tu objetivo o misión;** esto te ayudará a atraer a quienes comparten tus valores.

   EJEMPLO: «¡Únete a mi misión de hacer el mundo más dulce y sostenible!».

5. **Llamada a la acción *(call to action)*:**

   - **Termina con una clara llamada a la acción que invite a las personas a seguirte o a interactuar contigo.**

   EJEMPLO: 👉 ¡Sígueme para hacer cada semana un nuevo postre vegano que enamora!

Así quedaría la biografía completa:

🌱 Apasionada de los postres veganos que endulzan la vida. Comparto recetas saludables y deliciosas que cualquiera puede hacer en casa.

🍰 Creo en un futuro consciente, donde cada postre cuenta una historia.

🌱 ¡Únete a mi misión de hacer el mundo más dulce y sostenible!

👉 ¡Sígueme para hacer cada semana un nuevo postre vegano que enamora!

¡TIPS EXTRA!

→ **Usa emojis:** Añadir emojis puede hacer que tu biografía sea visualmente más atractiva y que transmita emociones.

→ **Sé conciso:** Limita tu biografía a un número de caracteres —en Instagram, por ejemplo, el límite es de 150—. Cada palabra cuenta, así que asegúrate de que cada una tenga un propósito.

→ **Revisa y ajusta:** Lee tu biografía en voz alta y pide a alguien de confianza que te dé su opinión. Un par de ojos frescos pueden ofrecerte una perspectiva valiosa.

→ **Cambia según la red social:** Adapta tu biografía al formato y a las características de cada red social. Por ejemplo, en Twitter, puedes ser más breve, mientras que en Facebook puedes incluir más información.

RECUERDA:
NO SEAS SOLO INFORMATIVA; EMOCIONA, CONECTA Y HAZLES SER PARTE DE TU TRIBU.

AHORA TÚ

- Crea aquí tu biografía

1. **Frase impactante:**

2. **Describe lo que ofreces:**

3. **Conecta emocionalmente:**

4. **Incluye tu misión:**

5. **Llamada a la acción:**

Impacto

- Una biografía bien redactada te ayudará a captar la atención de nuevos seguidores y a comunicar claramente tu propósito.

- Recuerda que tu biografía puede ser actualizarse a medida que evolucionas como marca personal; lo importante siempre es que deje claro por qué tú eres la mejor opción.

DÍA 7

Investiga y selecciona tus hashtags

Los hashtags son una herramienta poderosa en las redes sociales, ya que ayudan a aumentar tu visibilidad y a llegar a nuevas audiencias. Selecciona y utiliza hashtags estratégicamente para potenciar tu presencia, sin importar el sector o la marca que representes.

Acción del día

Dedica tiempo a investigar y seleccionar hashtags relevantes para tu nicho y que te ayuden a alcanzar a tu audiencia objetivo.

Pasos para dominar los hashtags:

1. **Identifica tus palabras clave:** Reflexiona sobre los temas principales de tu contenido. Considera qué áreas quieres resaltar y qué tipo de audiencia deseas atraer.

EJEMPLO:

Producto específico: #RopaSostenible

Servicio: #ConsultoríaFinanciera

Estilo de vida: #Minimalismo

2. **Investiga hashtags populares:** Usa herramientas de búsqueda de hashtags, como **Hashtagify**, **RiteTag**, o simplemente busca en plataformas como Instagram y Twitter. Observa qué hashtags utilizan otros en tu sector y anota aquellos que tienen un buen número de publicaciones y que se alinean con tu contenido.

3. **Combina hashtags populares y de nicho:** Utiliza una mezcla de hashtags que sean muy populares y otros que sean más específicos para tu nicho. Esto te ayudará a llegar a una audiencia más amplia sin perder el enfoque.

4. **Limita la cantidad de hashtags:** En plataformas como Instagram, se recomienda usar entre cinco y quince hashtags para mantener la efectividad y evitar parecer spam. En Twitter es mejor usar uno o dos por tweet.

5. **Crea un hashtag de marca:** Considera crear un hashtag único para tu marca personal o negocio. Esto puede ser un juego de palabras relacionado con tu nombre o tu misión.

6. **Revisa y ajusta regularmente:** Haz un seguimiento de qué hashtags te están trayendo más interacción y ajusta tu estrategia en consecuencia. Prueba nuevos hashtags y descarta aquellos que no funcionen.

¡TIPS EXTRA!

→ **No sobrecargues:** Evita usar demasiados hashtags que no sean relevantes para tu contenido

→ **Monitorea tendencias:** Revisa periódicamente hashtags en tendencia dentro de tu nicho y úsalos cuando sean relevantes.

→ **Participa en retos:** Si hay desafíos populares en las redes sociales que utilicen hashtags específicos, considera participar para aumentar tu exposición.

AHORA TÚ

- Investiga y anota aquí los hashtags relevantes para tu sector:

1.
2.
3.
4.
5.

Impacto

- Usar hashtags de manera estratégica no solo aumenta tu visibilidad, sino que también conecta tu contenido con personas que comparten tus intereses.
- Cuanto más optimices el uso de hashtags, más probable será que tu contenido llegue a quienes buscan exactamente lo que ofreces, creando así una comunidad más sólida y comprometida en torno a tu marca.

Al dominar el uso de hashtags, podrás amplificar tu voz y conectar de manera más efectiva con tu audiencia, lo que te ayudará a crecer en cualquier sector que elijas.

DÍA 8

Crea un calendario de publicaciones

La consistencia es crucial para mantener el interés de tus seguidores.

Acción del día

Planifica tus publicaciones para la semana, incluyendo contenido visual, preguntas a la audiencia y momentos de interacción.

Un calendario ayuda a mantener la organización y asegurar que publiques contenido de manera regular. Analiza tus avatares prestando atención a las horas en las que creas que estarán más activos según su estilo de vida.

→ **OBJETIVO CLARO EN CADA POST:**

Cada publicación debe tener un propósito claro (captar, enganchar o vender). Nada de publicar solo por estar presente.

→ PUBLICA EN LOS MOMENTOS JUSTOS:

Elige los días y horas de mayor actividad de tu audiencia para maximizar el alcance. Publica cuando más te vean, no cuando a ti te convenga.

→ USA FORMATOS QUE ATRAPEN:

Alterna entre vídeos, historias y posts que llamen la atención. Si no es visualmente impactante, ni lo publiques.

→ ACCIONES CLARAS (CTA):

No subas contenido sin una llamada a la acción específica. Que tu audiencia sepa exactamente qué esperas que hagan (comentar, compartir o comprar).

→ EVENTOS Y OPORTUNIDADES VIRALES:

Aprovecha fechas especiales y temas calientes. Publica sobre eso de lo que todos hablan, para que te vean más.

AHORA TÚ

Te dejo este calendario con dos semanas. Pon los días que crees que son importantes y los momentos clave para tu marca.

CALENDARIO DE 15 DÍAS PARA RRSS

SEMANA 1	LUNES	MARTES	MIÉRCOLES
¿QUÉ SERIE LANZAS HOY?			
¿EN QUÉ PLATAFORMA?			

SEMANA 2	LUNES	MARTES	MIÉRCOLES
¿QUÉ SERIE LANZAS HOY?			
¿EN QUÉ PLATAFORMA?			

JUEVES

VIERNES

SÁBADO

DOMINGO

JUEVES

VIERNES

SÁBADO

DOMINGO

DÍA 9

Crea contenido visual atractivo

Las imágenes atractivas son esenciales para captar la atención en redes sociales.

Acción del día

Tómate el tiempo para tomar fotos de alta calidad de tu producto o servicio, y asegúrate de que reflejen su esencia y la tuya.

EJEMPLO PRÁCTICO

Técnicas de fotografía: Usa luz natural, elige un fondo sencillo que no distraiga y experimenta con diferentes ángulos que resalten las características únicas de tu producto.

En el caso de la marca de postres veganos, buscamos una iluminación diurna, con fondos claros para que el producto pueda contrastar más. También como atrezzo se usan productos frescos y plantas decorativas.

AHORA TÚ

- Antes de tomar las fotos, apunta aquí tus ideas para la sesión, ¿qué vas a usar? ¿Exterior o interior?

Impacto

Las imágenes bien presentadas generan más interacciones y atraen a nuevos seguidores interesados en lo que ofreces.

DÍA 10

Publica un vídeo de tu primer manifiesto

Los vídeos hoy son una de las formas más efectivas de conectar con tu audiencia. Son una manera directa y personal de conectar de forma auténtica. Un vídeo de manifiesto te permite presentar quién eres, qué te mueve y por qué estás aquí.

Recuerda ser claro y siempre pensar en el valor que le ofreces al público. Piensa en lo que quiere escuchar, en lo que desea, y dáselo.

Acción del día

Dedica tiempo a crear un vídeo breve en el que declares por qué estás creando tu marca personal y lo que te impulsa. No necesitas ser un experto en producción de vídeos; lo más importante es que tu autenticidad brille a través de la pantalla y que tu mensaje sea claro y valioso. Recuerda: si no aportas, el mercado te aparta.

- Pasos para grabar tu vídeo de manifiesto:

1. **Define un mensaje poderoso:**

→ Antes de grabar, **escribe un guion impactante** que incluya no solo lo que quieres decir, sino también **cómo deseas que tu audiencia se sienta al verte.** Piensa en el **cambio que pretendes provocar** y en **cómo puedes inspirar a otros.**

2. **Selecciona un entorno inspirador, tu escenario:**

→ Escoge un lugar que no solo **sea visualmente atractivo,** sino que también refleje tu **personalidad y tu estilo.** Tu cocina, adornada con ingredientes frescos y utensilios, puede ser un excelente fondo que transmita creatividad y pasión.

→ Asegúrate de que la **luz sea natural** y de que el entorno esté limpio y organizado para que tu mensaje brille.

3. **Grábate con lo que tengas:**

→ No necesitas una cámara de cine. Tu teléfono móvil es perfecto para la ocasión. Coloca tu dispositivo en un soporte estable y asegúrate de grabar en un entorno silencioso para que tu voz se escuche clara y potente. Limpia las cámaras antes, ¡ja, ja!

→ Graba en alta resolución y utiliza el modo vertical para plataformas como Instagram o TikTok, o en horizontal para una mejor visualización en YouTube o Facebook.

4. **Sé auténtico y apasionado:**

→ Habla desde el corazón. Tu entusiasmo por tu proyecto o sector debe brillar en cada palabra. No busques ser perfecto; en su lugar, busca ser genuino y conectar. La autenticidad es lo que más resuena con la audiencia.

→ **EJEMPLO DE INTRODUCCIÓN:** «Estoy aquí porque creo que la comida vegana puede ser una experiencia increíble. No es solo un estilo de vida, es una celebración de sabores y creatividad».

5. **Incorpora elementos visuales. Tu atrezzo:**

→ Atrae la atención de tus espectadores utilizando ingredientes visualmente atractivos, mostrando postres terminados y realizando tomas cercanas de la preparación. Los colores vibrantes de las frutas y otros ingredientes pueden hacer que tu vídeo sea más cautivador.

6. **Cierra con una llamada a la acción impactante:**

→ Termina tu vídeo invitando a la audiencia a seguirte, comentar o compartir.

7. **Publica y comparte:**

→ Una vez que estés satisfecha con tu vídeo, publícalo en la red social que hayas elegido. Asegúrate de usar hashtags relevantes y de mencionar a otros influencers o cuentas que compartan tus intereses, aumentando así la posibilidad de que tu contenido sea visto y compartido.

→ Considera hacer un lanzamiento en un día y hora específicos, creando anticipación en tu audiencia.

EJEMPLO PRÁCTICO

- Introducción. Presentación y captar la atención

¡Hola, soy Caro! ¿Listas para transformar la forma en que veis los postres? Estoy aquí para demostrarte que lo saludable puede ser irresistiblemente delicioso. ¡Vamos a endulzar el mundo y a hacerlo más sostenible!

- Cuerpo. Desarrolla tu mensaje

Siempre me dijeron que ser vegana es aburrido, ¡pero eso no es cierto! Desde que di el salto a este estilo de vida, he descubierto un mundo de sabores y texturas que me han hecho sentir viva.

Déjame compartir un secreto: acabo de crear una mousse de chocolate vegana que hará que hasta el más escéptico pida la receta. ¡Imagínate compartirlo con tus amigos y ver sus caras de sorpresa!

- Conecta emocionalmente. Tu propósito

Mi misión es simple pero potente: quiero empoderarte para que disfrutes de postres que no solo alimentan tu cuerpo, sino que también nutren tu alma.

Imagina tener momentos inolvidables en la cocina mientras creas postres que cuentan historias de amor, de familia y de salud. ¿Por qué conformarse con menos?

- Llamada a la acción. Invita a la participación

Si sientes que este mensaje va contigo, ¡únete a mi comunidad! Juntas vamos a derribar mitos sobre la cocina vegana y a crear delicias que brillen en nuestras mesas.

Cada vez que compartas una receta o un postre, no solo estás cocinando, estás creando un cambio, una revolución dulce en la forma en que disfrutamos de la comida. ¡Te necesito en esta aventura!

- Cierre. Resume y motiva

Recuerda, nunca es tarde para cambiar tu vida y la de los demás. Con cada bocado podemos inspirar a otros a unirse a nosotros en este viaje hacia un futuro más saludable y sostenible. ¡Dulces momentos nos esperan!

(Sonríe con confianza y despídete).

AHORA TÚ

- Crea tu primer guion con esta plantilla

1. Introducción. Presentación y captar la atención

¡Hola, soy **[tu nombre]**! Estoy aquí para [propósito o misión principal]. ¡Prepárate para **[cambio que deseas provocar]**!

2. Cuerpo. Desarrolla tu mensaje

¿Quién dijo que *[creencia común en tu sector]*? Desde que *[tu experiencia o historia breve]*, entendí que *[nuevo enfoque o perspectiva]*.

Por ejemplo, *[una anécdota o ejemplo relacionado]*. ¡Es tan *[adjetivo atractivo]* que no podrás resistirte!

3. Conectar emocionalmente. Tu propósito

Mi propósito/misión es simple: quiero *[explicar brevemente tu objetivo]*.

Imagina *[una visualización positiva de lo que deseas lograr]*. ¡Eso es lo que quiero crear contigo!

4. Llamada a la acción. Invita a la participación

Si estás listo para *[invita a tu audiencia a unirse]*, ¡sigue mi cuenta! Juntos, podemos *[objetivo compartido]*.

Cada *[acción o participación de tu audiencia]* cuenta, y tú puedes ser parte de este cambio. ¡Vamos a hacerlo juntos!

5. Cierre. Resumir y motivar

Recuerda, *[una frase inspiradora o motivacional]*. ¡Únete a mí y cambiemos el sector o la situación actual], paso a paso!

- Escribe aquí tu guion completo:

Impacto

- La autenticidad y la pasión que transmitas en tu vídeo atraerán a las personas y generarán interés en tu contenido.
- Al compartir tu historia y tu visión de manera convincente, no solo te posicionas como experto, sino que también creas una conexión emocional profunda con tu audiencia. Este tipo de contenido tiene el potencial de motivar a otros a unirse a tu misión, amplificando el alcance de tu mensaje y fortaleciendo la comunidad que deseas construir.

Recuerda, cada vídeo que publiques es una **oportunidad para inspirar y dejar una huella en la vida de las personas que te siguen.**

DÍA 11

Lanza encuestas y preguntas para conocer a tu audiencia

Acción del día

Publica encuestas y preguntas en tus historias o feed para descubrir más sobre tus seguidores: quiénes son, qué prefieren y qué los atrae a tu contenido. La información obtenida será clave para afinar tu estrategia y mejorar la conexión con ellos.

EJEMPLO PRÁCTICO

Encuesta:

¿Qué te motiva a seguir esta cuenta?

Opciones:

Inspira mis recetas 🍰

Aprendo cosas nuevas 🌱

Me motiva a comer saludable 💪

AHORA TÚ

- Anota ideas de encuestas interesantes para conocer a tu comunidad en esta página.

Impacto

- Conocer mejor a tu audiencia fortalece la relación y te permite ofrecer contenido que verdaderamente resuene con sus intereses. Esto aumenta la lealtad y la posibilidad de que te recomienden, y acelera así el crecimiento de tu comunidad.

- De esta manera, tendrás miles de nuevos temas de los que hablar. Solo hay que preguntarle a tu audiencia qué quiere. Las respuestas siempre están allí.

DÍA 12

Lanza un reto para impulsar la participación

Acción del día

Invita a tus seguidores a participar en un reto alineado con tu marca. Esto fomenta la interacción, fortalece el sentido de comunidad y permite a los seguidores compartir su creatividad mientras expanden el alcance de tu perfil.

EJEMPLO PRÁCTICO

¡Únete al reto de #7DíasVeganos! Cada día, comparte una foto de tu receta vegana favorita y usa el hashtag #7DíasVeganos para que pueda ver tu creación y destacar las mejores participaciones.

AHORA TÚ

- Anota aquí posibles retos relevantes para tu comunidad y el hashtag que vas a utilizar.

Impacto

- Los retos no solo generan contenido compartido por tu comunidad, sino que también fortalecen el sentido de pertenencia y generan visibilidad.
- La participación activa de tus seguidores puede atraer nuevos interesados y consolidar una comunidad vibrante y leal.

DÍA 13

Conecta con otros influencers y crea alianzas estratégicas

Acción del día

Contacta con otros influencers o creadores de contenido que estén en tu mismo nicho e invítalos a colaborar en un proyecto conjunto. Esta estrategia no solo diversifica tu contenido, sino que también te permite llegar a una audiencia más amplia.

EJEMPLO PRÁCTICO

- Mensaje de colaboración:

¡Hola, [nombre]! Admiro lo que haces en [tema del nicho]. ¿Qué te parece si unimos fuerzas en una colaboración que aporte y enamore a nuestros seguidores para [acción]?

En este caso, sería interesante colaborar con marcas de productos saludables, de electrodomésticos y otros chefs con más reputación.

AHORA TÚ

- Anota aquí cuentas que te interesen de cara a hacer colaboraciones, y las ideas que se te ocurran.

Impacto

- Las colaboraciones aumentan tu credibilidad, te exponen a nuevos seguidores y te ayudan a crear contenido fresco.
- Al asociarte con otras cuentas, construyes una red de contactos valiosa que puede ofrecerte oportunidades futuras y fortalecer tu posicionamiento en el sector.

DÍA 14

Crea un hashtag de marca personal

Acción del día

Define un hashtag único para representar tu marca y utilízalo en todas tus publicaciones. Esto facilitará que tu audiencia encuentre y siga tu contenido relacionado, además de crear una identidad cohesiva en redes.

EJEMPLO PRÁCTICO

- Hashtag:

#PostresVeganosConCaro

→ **IMPORTANTE:** *haz un hashtag que tu comunidad recuerde fácilmente, que sea sonoro y único para tu marca.*

AHORA TÚ

- Anota tus ideas de hashtags para tu marca y elige el que más te represente.

Impacto

- Un hashtag personal agrupa tu contenido y permite a los seguidores navegar fácilmente a través de tus publicaciones.
- A medida que tu audiencia se familiarice con tu hashtag, este se convertirá en una herramienta de identidad que reforzará la cohesión y el reconocimiento de tu marca.

DÍA 15

Realiza un tutorial en vivo

Acción del día

Organiza un tutorial en vivo sobre un tema relevante para tu audiencia. Este contenido permite una conexión más personal y la oportunidad de responder preguntas en tiempo real, lo que refuerza tu experiencia en el campo.

EJEMPLO PRÁCTICO

«Únete a mí este sábado a las cinco de la tarde para un tutorial en vivo sobre cómo hacer brownies veganos. ¡Responderé a todas tus preguntas en tiempo real!».

AHORA TÚ

- Piensa y anota posibles ideas para un tutorial en directo. Anota, además, todo lo que puedes necesitar, para no tener que cortar la retransmisión.

Impacto

* Los tutoriales en vivo crean una experiencia única y educativa, que fortalece la lealtad de tus seguidores y aumenta la reciprocidad. Al ofrecerles la posibilidad de interactuar contigo directamente, construyes confianza y les demuestras que valoras su participación.

DÍA 16

Comparte tu proceso creativo para inspirar a tu comunidad

Acción del día

Lleva a tu audiencia detrás de las cámaras y muestra cómo generas ideas, superas desafíos y ejecutas proyectos. Compartir tu proceso añade autenticidad y ayuda a tu audiencia a conocerte a un nivel más profundo.

EJEMPLO PRÁCTICO

«Hoy quiero contarte cómo surge una receta en mi cocina. Desde las pruebas hasta los errores, el proceso creativo es una montaña rusa, pero al final vale la pena. Te lo cuento en el nuevo vídeo».

AHORA TÚ

- Piensa y anota qué parte de tu proceso es más atractivo para mostrar el detrás de las cámaras y imanos a la obra!

Impacto

- Mostrar tu proceso creativo fortalece la conexión con tus seguidores, humaniza tu marca y motiva a otros a explorar su propia creatividad.
- Esta transparencia añade valor y convierte tu cuenta en un espacio inspirador y auténtico.

DÍA 17

Comparte secretos para potenciar el valor de tu contenido

Acción del día

Publica un post o una historia en los que reveles las herramientas que usas en tu día a día, como aplicaciones, software de edición o técnicas de organización. Esto convierte a tu perfil en una fuente de recursos útiles para tu audiencia.

EJEMPLO PRÁCTICO

«Quiero compartir mis herramientas favoritas para crear contenido, como xxxx para organizar mis ideas y xxxx, que uso para editar fotos».

AHORA TÚ

- Anota tus herramientas favoritas y dale forma a tu post.

Impacto

- Compartir tus herramientas de trabajo aporta valor tangible y genera confianza.
- Los seguidores verán en ti una fuente confiable de recursos prácticos y estarán más dispuestos a interactuar y recomendar tu contenido.

¡Cada maestrillo tiene sus truquillos!

DÍA 18

Publica consejos prácticos sobre tu producto o servicio

Acción del día

Ofrecer recomendaciones prácticas refuerza tu autoridad en el tema y aumenta la satisfacción de tu audiencia. Deja claro por qué eres tú la mejor opción con consejos y trucos útiles sobre cómo utilizar mejor tu producto o servicio.

EJEMPLO PRÁCTICO

«Aquí tienes un consejo para aprovechar al máximo mi receta de brownies veganos: añadir un toque de café intensifica el sabor del chocolate! Prueba esta variación y cuéntame qué tal».

AHORA TÚ

- Haz una lista de los consejos, tips y secretos más relevantes para tu sector; después, aprovéchalos para tus publicaciones.

Impacto

- Los consejos prácticos aportan valor directo a tu audiencia y demuestran que tienes experiencia en tu nicho.
- Los seguidores se sentirán más conectados y dispuestos a compartir o recomendar tu contenido.

DÍA 19

Evalúa tu progreso y ajusta tu estrategia

Acción del día

Reflexiona sobre tus avances en las últimas dos semanas y revisa los datos de tu cuenta para ver qué funcionó mejor y dónde puedes mejorar. Esto te permitirá ajustar tu estrategia para maximizar el impacto en las siguientes semanas.

EJEMPLO PRÁCTICO

- Cinco métricas que analizar

→ **CRECIMIENTO DE SEGUIDORES:** Te muestra cuántos seguidores nuevos tienes y si tu contenido está atrayendo a más personas.

→ **INTERACCIONES POR PUBLICACIÓN:** Te dice cuántos me gusta y comentarios tienes, y el número de veces que se compartió cada publicación, lo cual muestra qué contenido es más interesante para tu audiencia.

→ **ALCANCE:** Indica cuántas personas vieron tus publicaciones y te da una idea de cuán visible eres.

→ **TASA DE ENGAGEMENT (INTERACCIÓN):** Este porcentaje muestra cuántas personas interactúan con tu contenido en relación con tu cantidad de seguidores, y te indica lo conectada que está tu audiencia.

→ **TASA DE CLICS EN ENLACES (CTR):** Te dice cuántas personas hicieron clic en un enlace que compartiste, lo cual refleja si tu contenido genera curiosidad o interés.

Impacto

* Evaluar y ajustar tu estrategia de forma periódica es esencial para mejorar continuamente. Reflexionar sobre los resultados ayuda a mantener la motivación, identificar áreas de oportunidad y optimizar tus esfuerzos para lograr un impacto cada vez mayor.

DÍA 20

Celebra tus logros con tu comunidad para fortalecer la conexión

Acción del día

Publica una reflexión sobre tus logros y agradece a tus seguidores que formen parte de tu viaje. Esta pausa para reconocer el progreso fomenta un ambiente positivo y motivador en tu comunidad.

EJEMPLO PRÁCTICO

Hemos alcanzado cien seguidores en solo diez días! Gracias por ser parte de esta comunidad de postres veganos y por cada like, comentario y mensaje. ¡Estoy emocionada por lo que viene!

AHORA TÚ

- Haz una lista de logros que compartir con tu audiencia y piensa en un post.

Impacto

- Compartir tus logros fortalece la relación con tus seguidores y hace que se sientan parte de tu éxito.
- Esta conexión emocional aumenta la lealtad y te ayuda a construir una comunidad que celebra cada paso de tu crecimiento contigo.
- Pide siempre feedback a tu comunidad.

DÍA 21

Define tus nuevas metas

Acción del día

Establece metas ambiciosas pero realistas que guíen tus próximos pasos hacia objetivos más grandes. Estos pueden incluir aumentar seguidores, lanzar contenido innovador o crear alianzas estratégicas.

EJEMPLO PRÁCTICO

En mi segundo mes en redes sociales compartiendo mis postres veganos quiero lograr:

→ Aumentar mis seguidores a novecientos para potenciar mi influencia y alcance.

→ Lanzar una receta grupal con un enfoque en sostenibilidad para mi audiencia.

→ Generar tres colaboraciones estratégicas para expandir mi contenido y conectar con nuevas audiencias.

AHORA TÚ

Define tus metas para el mes siguiente, aquí tienes unos ejemplos:

→ Aumentar mis seguidores a ____ para potenciar mi influencia y alcance.

→ Lanzar ______ con un enfoque en ______ para mi audiencia.

→ Generar ______ colaboraciones estratégicas para expandir mi contenido y conectar con nuevas audiencias.

Impacto

* Definir metas claras genera motivación constante. Te permite medir y saber si vas por el buen camino.

DÍA 22

Lanza contenido disruptivo

Acción del día

Diseña una serie de contenido que, aunque siga dentro de los temas clave de tu nicho, capte la atención y desafíe las ideas establecidas. Sal de tu zona de confort.

EJEMPLO PRÁCTICO

- Serie semanal:

Lunes de postre sorprendente solo con dos ingredientes.

AHORA TÚ

- Anota tus ideas para contenido nuevo y disruptivo.

Impacto

* Mantendrás una audiencia activa y en expectativa. Las series disruptivas refuerzan tu posicionamiento como experta, muestran tu lado innovador y generan conversación y conexión auténtica.

DÍA 23

Lanza un «reto radical de veinticuatro horas»

Acción del día

Crea un reto en el que desafíes a tu audiencia a llevar a cabo un cambio drástico en solo veinticuatro horas. Este reto debe ser específico y posible, haz que tus seguidores salgan de su zona de confort.

EJEMPLO PRÁCTICO

RETO: Transforma tu nevera en veinticuatro horas
Anima a tus seguidores a reimaginar completamente su alimentación y a publicar su nueva propuesta usando un hashtag específico que tú hayas creado.

Puedes proporcionar un minikit con recursos y consejos para guiarlos en este proceso.

AHORA TÚ

- Anota aquí tus ideas para un reto de veinticuatro horas.

Impacto

- Este desafío no solo genera expectación y participación activa, sino que también crea una ola de contenido visual y testimonios que puedes compartir en tu propia cuenta.
- La urgencia de un plazo de veinticuatro horas impulsará a muchos a actuar rápidamente, y generará una comunidad vibrante y comprometida alrededor de tu marca.
- Además, el contenido que resulta de la interacción de los participantes se convierte en una poderosa prueba social de tu influencia y autoridad en el nicho, al mismo tiempo que posiciona tu nombre como el motor de esta transformación radical.

DÍA 24

Cocrea un proyecto conjunto con otro experto

Acción del día

Invita a expertos de tu industria a generar un contenido conjunto que brinde perspectivas únicas y aumente el valor que ofreces. Planifica un proyecto colaborativo que muestre las fortalezas y conocimientos de ambos; así agregaréis valor real a las dos audiencias.

EJEMPLO PRÁCTICO

Un reto cocreado con otro experto podría consistir en una cena de gala vegana en la que unir fuerzas con otro influencer especializado en recetas: cada uno prepara su especialidad. Caro, evidentemente, se encarga del postre.

Una sesión para dar ideas de cenas de fiesta, gala o fechas importantes veganas y deliciosas.

AHORA TÚ

- Aquí tienes una idea para esta acción.

PROYECTO: Guía definitiva para **[tema relevante]**.

Ambos crearíais una serie de vídeos o un ebook gratuito que eduquen y empoderen a vuestras respectivas audiencias.

- Anota aquí otros proyectos que podrías llevar a cabo.

Impacto

- Un proyecto colaborativo no solo fortalece tu relación con otro influencer, sino que os posiciona a ambos como líderes generosos y centrados en su audiencia.
- Aumentas tu visibilidad fuera de tu propia audiencia, generas nuevos seguidores e incrementas la credibilidad por asociación con líderes de la industria.

DÍA 25

Organiza un evento colaborativo en vivo

Acción del día

Realiza un evento en vivo con expertos que ofrezca visiones valiosas y una experiencia única para ambas comunidades.

EJEMPLO PRÁCTICO

Una transmisión junto a **[nombre del colaborador]**, *en la que ofrezcamos consejos prácticos y respondamos preguntas en tiempo real, creando un sentido de exclusividad.*

AHORA TÚ:

- Anota ideas para el directo y con quién te gustaría hacerlo.

Impacto

* Los eventos en vivo permiten una interacción en tiempo real, generando emociones auténticas y aumentando el engagement. Además, al trabajar con otro experto, la audiencia siente que recibe contenido de gran calidad.

DÍA 20

Haz entrevistas a tus clientes o cuenta testimonios

Acción del día

Lleva a cabo entrevistas en vídeo o en vivo con clientes que hayan experimentado transformaciones significativas gracias a tus servicios. Asegúrate de enfocarte en historias que sean emotivas y radicales, y muestra el antes y el después de su experiencia contigo.

EJEMPLO PRÁCTICO

Puedes crear una serie llamada «Historias de transformación», donde cada semana presentes a un cliente distinto. En la entrevista, pregúntales sobre sus desafíos iniciales, cómo tu experiencia y contenido los ayudó y los resultados que han obtenido. Asegúrate de que cuenten anécdotas específicas y emotivas que resalten la efectividad de tu trabajo.

AHORA TÚ

- Anota aquí los testimonios o anécdotas que hayas conseguido.

Impacto

- Las entrevistas humanizan tu marca y generan confianza, y muestran que tus servicios realmente marcan la diferencia. Además, estos testimonios sirven como prueba social poderosa que puede atraer nuevos clientes. Al compartir historias impactantes, no solo capturas la atención de tu audiencia, sino que también inspiras a otros a tomar acción y buscar tus servicios. Este enfoque también facilita la creación de contenido valioso que puedes reutilizar en diferentes plataformas, amplificando aún más tu alcance.

DÍA 27

Haz un detrás de las cámaras en un día contigo

Acción del día

Haz que tus seguidores conozcan más facetas de tu día a día, más allá del nicho en el que te quieres posicionar. Haz que descubran todo lo que eres y esos tesoros que guarda tu rutina.

EJEMPLO PRÁCTICO

La Caro publicista, desde cómo se viste para sus reuniones de trabajo, su desayuno, su entrenamiento, sus tareas de oficina y su tarde de compras de nuevos ingredientes para preparar una cena equilibrada, hasta lo mejor de su día: el capricho del postre.

AHORA TÚ

- Cuenta a tus seguidores cómo es un día rutinario en tu vida. Ábreles un poco las puertas de tu universo para que puedan descubrir quién hay detrás de esa persona a la que admiran y siguen.

Impacto

* Si no analizas, no puedes mejorar. Fortalece lo que más te ha funcionado y busca mejores prácticas.

DÍA 28

Responde a las diez preguntas más frecuentes de tu audiencia

Acción del día

Organiza un evento en vivo o crea un vídeo en el que respondas a las diez preguntas más comunes que te hace tu audiencia. Asegúrate de incluir preguntas que no solo sean informativas, sino que también conecten emocionalmente y reflejen las preocupaciones, intereses o desafíos de tu comunidad. Hazlo interactivo y fomenta que los espectadores envíen preguntas adicionales en tiempo real.

EJEMPLO PRÁCTICO

- Crea un evento con un título como «Respondiendo a lo que siempre quisiste saber: diez preguntas clave sobre...».

→ Puedes recopilar preguntas previamente a través de encuestas en tus historias, comentarios en publicaciones o mensajes directos. Durante el evento, responde de forma cercana, da ejemplos prácticos y agrega anécdotas personales para hacerlo más memorable.

AHORA TÚ

Impacto

* Este formato no solo muestra que escuchas a tu audiencia, sino que también te posiciona como experto. Además, refuerza el engagement al invitar a tu comunidad a participar activamente y les da la sensación de que los escuchas con atención. Puedes reutilizar las respuestas en contenido breve para tus redes (reels, tiktoks, carruseles).

DÍA 29

Publica vídeos con contenido impactante sobre tu aprendizaje

Acción del día

Comparte un post reflexivo sobre las lecciones más importantes, los desafíos enfrentados y los logros obtenidos durante el proceso.

EJEMPLO PRÁCTICO

- POST: Tres lecciones de comunicación que aprendí este mes.

→ Explica de manera inspiradora las claves que te han ayudado a avanzar y cómo planeas implementarlas en el futuro.

→ Como cierre, invita a tus seguidores a que compartan contigo sus aprendizajes.

Tres aprendizajes de una pastelera vegana en redes:

1. «La gente come con los ojos»
   Las fotos importan más que el título «vegano».
   Invertí en buena iluminación y vídeos donde el chocolate se derrite, y boom: likes asegurados.

2. «La imperfección conecta»
   Un vídeo de mis galletas quemadas fue más viral que cualquier receta. Ahora comparto fails y consejos reales, ¡a la gente le encanta!

3. «Tu audiencia es tu aliada»
   Preguntar «¿qué receta quieren ver?» no solo da ideas, sino que crea comunidad. Escuchar a tus seguidores es clave.

AHORA TÚ

- Anora las tres lecciones más importante que has sacado en este viaje y crea un post.

Impacto

- Los posts reflexivos inspiran a la audiencia a valorar su propio crecimiento, y demuestran que eres una persona en constante mejora.

DÍA 30

Sé agradecido con tu comunidad

Acción del día

Llegamos al último día de este plan para despegar en redes sociales en un mes, y es hora de hacer ruido. Agradece a cada uno de tus seguidores que te haya acompañado en esta aventura de treinta días. Haz que sientan que son la pieza clave de todo esto.

EJEMPLO PRÁCTICO

¡Gracias por estar aquí! 🎉 No habría sido igual sin vosotros. Para agradecerlo tengo un regalo increíble: un ebook con diez recetas exclusivas. Esto solo empieza, ¡prepárate para más!

AHORA TÚ

- Anota las acciones que te gustaría llevar a cabo para agradecer la fidelidad de tu comunidad y llegar a más gente.

Impacto

- Un agradecimiento sincero y directo que conecta a fondo con tu comunidad, fortalece la lealtad y crea una relación real.
- Hacer que sientan que son parte del camino asegura que estarán ahí para lo que venga.

CONCLUSIÓN

¡Y llegamos al final de este viaje juntos! ¡Ahora no tienes excusa! Repite este plan cada mes y mejóralo con la práctica. Verás cómo tus resultados crecen día a día, y recuerda: **es mejor hecho que perfecto.**

Etiquétame en **@carolinakairos_branding**, ¡quiero ver tu progreso! También me puedes encontrar en www.carolinakairos.com.

Espero que hayas disfrutado explorando el mundo del *branding* personal tanto como yo compartiendo estas ideas contigo. Te he contado las claves para crear una buena marca personal, pero, si solo me pides una, es la siguiente:

SÉ AUTÉNTICO.

Sé que puede parecer un reto, pero es lo más valioso que puedes dar. Requiere valentía para mostrarte tal como eres, fuerza para seguir adelante cuando las cosas se ponen difíciles y un profundo entendimiento de tus valores y talento. **Si la vida da limones, no solo hagas limonada: abre la mejor empresa de zumos.**

Ahora es tu turno. No temas ser tú mismo y seguir tu propio camino. Las dificultades que encuentres te ayudarán a crecer y te acercarán a tus metas. Tu historia es única y tiene el poder de inspirar a otros, así que no dudes en contarla bien alto.

Al construir tu marca personal, recuerda poner tus valores en el centro de todo lo que haces. Seguir tu camino más auténtico te llevará a conectar con las personas adecuadas y te permitirá vivir una vida que realmente te guste.

CUENTA TU HISTORIA, COMPARTE TUS SUEÑOS Y CONSTRUYE TU GRAN LEGADO. EL MUNDO ESTÁ LISTO PARA CONOCERTE.

¡Es el momento!

¡Vamos a fuego!